教育部"地方高校农科人才思政教育与'大国三农'教育实践探索"课题研究成果

淮河流域农耕文明简史

主　编　詹秋文

副主编　许正宏

合肥工业大学出版社

图书在版编目(CIP)数据

淮河流域农耕文明简史/詹秋文主编 . —合肥:合肥工业大学出版社,2023.5

ISBN 978－7－5650－6324－4

Ⅰ.①淮…　Ⅱ.①詹…　Ⅲ.①淮河流域—农业史—研究　Ⅳ.①F329.54

中国国家版本馆 CIP 数据核字(2023)第 076083 号

淮河流域农耕文明简史

詹秋文　主编		责任编辑　马栓磊　许璘琳　毛 羽	
出　版	合肥工业大学出版社	版　次	2023 年 5 月第 1 版
地　址	合肥市屯溪路 193 号	印　次	2023 年 5 月第 1 次印刷
邮　编	230009	开　本	710 毫米×1010 毫米　1/16
电　话	基础与职业教育出版中心:0551－62903120	印　张	8.75
	营销与储运管理中心:0551－62903198	字　数	150 千字
网　址	press. hfut. edu. cn	印　刷	安徽联众印刷有限公司
E-mail	hfutpress@ 163. com	发　行	全国新华书店

ISBN 978－7－5650－6324－4　　　　　　　　　　　　　定价:42.00 元

如果有影响阅读的印装质量问题,请联系出版社营销与储运管理中心调换。

编　委　会

主　编　詹秋文

副主编　许正宏

参　编　华金玲　闻爱友　杜军利

代　序

习近平总书记 2019 年 9 月 5 日在给全国涉农高校的书记校长和专家代表的回信中指出，中国现代化离不开农业农村现代化，农业农村现代化关键在科技、在人才。习近平总书记希望全国涉农高校继续以立德树人为根本，以强农兴农为己任，拿出更多科技成果，培养更多知农爱农新型人才。安徽科技学院作为涉农高校，认真学习贯彻习近平总书记重要回信精神，坚持以立德树人为根本，以强农兴农为己任，着力培养"知农、爱农、事农"应用型人才，致力探索加强大学生思想政治教育与厚植"大国三农"情怀的路径。2020 年学校获批教育部新农科研究与改革实践项目（教高厅函〔2020〕20号）"地方高校农科人才思政教育与'大国三农'教育实践探索"。这既充分展现了学校在农科人才培养思想政治教育方面的深厚工作基础，又充分表明了学校积极面对大学生思想政治教育新形势新任务与深化探索农科人才思想政治教育的信心和能力。

2021 年初，项目组全体成员认真研究了项目研究与改革实践的目标任务、具体内容、方法路径，进行了任务分工，确定在推进改革实践的同时，加强"大国三农"情怀教育研究，决定将组织编写《新时代大学生劳动教育》《中国农业发展简史》《淮河流域农耕文明简史》《乡村振兴与我国农业现代化》《"大国三农"课程思政案例》作为课题研究的主要任务，以推动地方高校农科人才思政教育的高质量发展。课题组成员经过一年多的共同努力，研究探索已初具成果，现呈现给各位读者。

劳动是人维持自我生存和发展的唯一手段，是人类的本质特征。社会的一切物质、文化财富都始于劳动。劳动始终是文明进步的重要源泉，劳动者的创造始终是历史前进的根本动力。《新时代大学生劳动教育》是学校面向全体本科生开展劳动教育的校本教材，旨在对大学生尤其是农科大学生进行马克思主义劳动观教育，引导大学生崇尚劳动、尊重劳动、热爱劳动，自觉投身劳动实践，提升综合劳动素养，是学校构建德智体美劳"五育并举"人才培养体系，加强劳育，提高人才培养质量的必然要求，也是教育农科大学生学农爱农践农的内在要求。

历史是一面镜子，以史为鉴可以知兴替。中国自古以农立国，在绵绵不息的历史长河中，中华民族创造了五千多年灿烂辉煌的农耕文明。中华传统农耕文明是中国劳动人民五千多年来生产、生活实践的积累和智慧的结晶，包含了众多特色耕作技术和科学发明，是先人留给我们的宝贵财富。《中国农业发展简史》旨在帮助大学生尤其是农科大学生了解中国农业发展史、特色耕作技术、民风民俗等，感受中华民族祖先的生产和生活智慧，帮助他们知古鉴今，提高历史思维能力，进而善于运用历史眼光认识农业发展规律、把握农业发展前进方向、指导"三农"工作实践。

淮河流域是中华文明的重要发祥地之一，淮河流域农耕文明在中华民族五千多年灿烂辉煌的农耕文明中占有重要地位，是中华农耕文明史的重要组成部分。《淮河流域农耕文明简史》旨在回溯淮河流域农耕文明的起源、生存与演进、传承与保护，展示其悠久、厚重的农耕文明史，引导大学生特别是农科大学生重视农业，关注农耕生产，传承农耕文明，了解农耕文化，增强其对中华民族的文化自信和乡村振兴的历史责任感。

党的二十大报告强调，坚持农业农村优先发展。从全面建设社会主义现代化国家的奋斗目标来看，农业和农村工作"重中之重"的地位没有改变。从面临的形势和问题来看，农业和农村仍然是发展不平衡、不充分问题的重点部位和节点，是推进"四化同步"发展的短腿和弱项。全面推进乡村产业、人才、文化、生态、组织振兴，走中国特色社会主义乡村振兴道路，是加快农业农村现代化的必由之路。《乡村振兴与我国农业现代化》阐述了乡村振兴与农业现代化的内在逻辑，探讨了乡村振兴背景下农业现代化的主要内容及建设路径，深入剖析了乡村振兴背景下农业现代化的典型案例，旨在向涉农大学生和"三农"工作者普及乡村振兴背景下的农业现代化的基本知识，增强其对推进农业现代化的社会责任感。

　　课题研究与实践的阶段性成果已经呈现，研究既有高度也有深度，有待继续提高和深入，实践没有止境，有待继续探索。期待本课题阶段性成果的出版能够给大学生特别是农科大学生及广大读者带来启迪和智慧，增添其爱农践农、服务"三农"的动力。

蒋德勤
2022 年 12 月于合肥中共安徽省委党校（安徽行政学院）

前　言

　　"淮"字早在商代甲骨文和西周钟鼎文中就已出现，并流传在中国最早的诗歌集《诗经》中。秦岭—淮河一线是中国南北方的自然分界线。淮河流域西起桐柏山、伏牛山，东临黄海，南以大别山、江淮丘陵、通扬运河及如泰运河南堤与长江流域接壤，北以黄河南堤、沂蒙山脉为界与黄河流域毗邻。淮河流域光照充足，降水充沛，高温湿润，适宜农耕生产，是中华文明的重要发祥地之一，历代以来在中国发展过程中发挥着重要作用。淮河流域农耕文明占据了很长的历史时段，具有地域特殊性、历史传承性和乡土民间性，是中华农耕文明的重要组成部分。淮河流域农耕文明追求人与自然的和谐共生，期望天人合一，从而孕育了自给自足的生活方式、农耕思想、文化传统和乡村管理制度等，契合当前提倡的和谐、环保和低碳的生态农业理念，对这一流域乡村振兴战略的实施产生着深刻影响和重要作用。

　　为了进一步构建高校思政教育与"大国三农"教育联动机制，促进思政教育与"大国三农"教育同向同行，形成"三全育人"新格局，培养学生"一懂两爱"的"三农"情怀，献身国家特别是淮河流域的"三农"事业，我们组织编写了"大国三农"通识教育系列教材之《淮河流域农耕文明简史》。本书旨在秉持"懂农、爱农、践农"新型农科人才培养理念，引导公众重视农业，关注农耕生产，传承农耕文明，向公众科普农耕文化，展示民俗风情，增强中华民族的文化自信。全书共分六章，内容涵盖淮河流域农耕文明的形成和发展、淮河流域农耕文明的起源与特征、淮河流域农耕文明的生存与演进、淮河流域农耕文明的传承保护与利用、淮河流域农耕文明对中华农耕文明的影响、淮河流域农耕文明与当代乡村振兴等。本书由詹秋文和许正宏构思设计编写提纲。编著人员分工如下：第一章和第二章詹秋文，第三章杜军利，第四章华金玲，第五章闻爱友，第六章许正宏。全书由詹秋文统稿，许正宏参与部分章节的修订工作。

本书系教育部新农科研究与改革实践项目"地方高校农科人才思政教育与'大国三农'教育实践探索"和安徽省新农科研究与改革实践项目"传统涉农专业改造提升改革与实践"的阶段性成果。特别感谢安徽科技学院党委书记蒋德勤教授、农学院任兰天教授、生命与健康科学学院何庆元教授、建筑学院肖晴副教授、动物科学学院王世琴博士对本书编写的支持和帮助。在编著过程中，我们参考并引用了淮河流域农耕文明方面的国内外相关研究成果，在此对被引用书刊的作者致以深深的谢意。

本书充分尊重史实，力求语言简洁，强调准确性、严谨性和科学性。由于编者写作水平有限，加之时间紧迫，书中难免存在不足，敬请广大同行及读者批评指正。

《淮河流域农耕文明简史》编写组

2022 年 11 月

目　　录

第一章 绪 论

第一节 淮河流域农耕文明概述

一、淮河流域简介

秦岭—淮河一线是中国南北方自然分界线。淮河流域西起河南桐柏山、伏牛山，东临黄海，南以大别山、江淮丘陵、通扬运河和如泰运河南堤与长江流域接壤，北以黄河南堤和沂蒙山脉与黄河流域毗邻。淮河干流依次流经河南、湖北、安徽、江苏四省，全长约 1000 千米，总落差约 200 米，下游主要有入江水道、入海水道、苏北灌溉总渠、分淮入沂四条出路，另有潢河、白露河、史灌河、东淝河、池河、洪河和颍河等重要支流。

淮河流域介于长江流域和黄河流域之间，位于东经 111°55′～121°20′，北纬 30°55′～36°20′之间。主要包括河南、安徽和江苏三省大部，同时纳入山东及湖北两省部分地区，由于湖北省的淮河流域面积仅 1410 平方千米，通常说淮河流域地跨豫、皖、苏、鲁四省。淮河流域总面积约 27 万平方千米，涵盖 40 个地级市，237 个县（县级市、区），2018 年常住人口约 1.64 亿，平均人口密度达 607 人/平方千米，是全国平均人口密度的 4.2 倍，居各大江大河流域人口密度之首。

淮河流域是中华文明重要发祥地之一，拥有特定的地域文化魅力，曾孕育了光辉灿烂的古代文化，诞生了老子、孔子、墨子、孟子、庄子等众多思想家，在中国历史发展过程中发挥着重要作用。俗语有云："走千走万，不如淮河两岸。"考古发现,淮河流域早在旧石器时代就有人类活动。截至目前,流域内发掘的远古时代文化遗址有 100 多处。孔子和孟子的儒家学说、墨子的墨家学说、韩非和李斯的法家学说均在该流域创立。淮河流域人杰地灵。以安徽段为例,春秋战国时期辅助齐桓公建立霸业的管仲生于今安徽颍上;陈胜、吴广在今安徽宿州宣布起义,已发现有结盟誓师的"涉故台"、驻扎练武的"七十二营垒"和"骑路"等;东汉末年著名的医学家华佗是沛国谯(今安徽亳州)人;三国时曹魏政权的创始人曹操也生于此,在当地有曹操青年时期读书地遗址,视察农田所用的观稼台,以及屯粮遗址、演兵处、歇马池和栅马墙等,还发现了曹氏墓群及曹操地下运兵道等;后梁开国皇帝朱温是今安徽砀山人;南朝刘宋开国皇帝刘裕是今安徽萧县人;明朝开国皇帝朱元璋是今安徽凤阳人。

二、农耕文明的特点

随着原始农业、原始畜牧业和古人类定居生活的发展,人类从食物的采集者变成了食物的生产者,这也就出现了农耕现象,进而产生了农耕文明。农耕文明是人类史上第一种文明形态,一般指人们在长期农业生产中形成的一种适应农业生产、生活需要的国家制度、礼俗制度和文化教育等的文化集成,包括国家管理理念、人际交往理念、语言、戏剧、民歌、风俗及各类祭祀活动等。传统农耕文明表现为男耕女织,规模小,分工简单,商品交换不频繁,其本质是通过辛勤劳作获取农艺和园艺成果,守望田园企盼风调雨顺,顺天应命追求天地人和。农耕文明可以带来稳定的收获和财富,易导致闭关自守,却可以营造相对安逸的定居生活,这就为进一步衍生出高雅的精神文化奠定了良好基础。从历史进程看,只要自然条件能够满足农耕的地方,就会出现农耕文明,并一直延续到当地进入工业化之前。因此,农耕文明是工业文明的摇篮。

三、淮河流域农耕文明传承的意义

农耕是淮河流域最古老的生产方式,也是最早的生存方式。淮河流域农耕文明占据了很长的历史时段,具有地域特殊性、历史传承性和乡土民间性,是中华农耕文明的重要组成部分。由田、牛、犁和人构成的画面是该流域农耕文明的生动写照。考古发掘的大量农业生产工具是该流域农耕文明的重要结晶,为研究早期农耕文明提供了重要物证。

淮河流域有许多著名的古代水利工程，如春秋战国时期的芍陂灌溉工程以及邗沟和鸿沟人工运河，隋唐的汴渠，元明清三代修建的京杭大运河和洪泽湖大堤等，在我国水利发展史上都具有十分重要的地位。尤其是大禹利用疏导的办法治理淮河，推进了中国水利事业的发展，也促进了数学、测绘和交通等相关技术的进步。淮河流域农耕文明理念向南传播，促进了中国农业水平的提高以及农业技术的发明、创造与发展。

历史上各朝代的淮河流域生产以农耕立足，社会发展以农为本，与游牧民族以游猎畜牧为生的生活方式明显不同，农耕文明发展先于游牧文明，并表现出诸多的先进性。进入二十一世纪以后，淮河流域成为国家实施鼓励东部地区率先发展、促进中部地区崛起的区域发展战略的重要区域，在国家粮食安全体系中具有举足轻重的地位。

生于淮河流域的老子云："人法地，地法天，天法道，道法自然。"淮河流域农耕文明追求人与自然的和谐共生，期望天人合一，从而孕育了自给自足的生活方式、农耕思想、文化传统和乡村管理制度等，符合当前提倡的和谐、环保和低碳的生态农业理念，必将对这一流域乡村振兴战略的实施产生深刻影响和积极作用。

第二节　淮河流域农耕文明的形成和发展

一、史前时期淮河流域原始农耕文明的出现

因良好的地理条件和气候条件，淮河流域新石器时代的居民过着相对稳定的定居生活。随着原始农业的产生和发展，农业生产工具得到应用，这从新石器时代的许多遗址可以看出。如在早期裴李岗文化（距今约 7000 年）、北辛文化（距今约 6700～5600 年）、侯家寨和石山孜文化（距今约 7000～6000 年）遗存中，农业生产工具有砍伐用的石斧、挖地翻土用的石铲和石锛、收割用的石镰、加工用的磨盘和磨棒等，这说明当时已进入锄耕农业阶段，农业已比较发达。由于装柄石斧的使用，渐渐出现了火耕农业，其生产过程包括砍伐树木、焚烧草木、播种和收割等。据《管子·揆度》记载，黄帝之时，"不利其器，烧山林，破增薮，焚沛泽"正是这一时期火耕农业的写照。

大汶口文化时期（约公元前 4300—前 2500 年），因种植业的不断发展，粮食产量逐渐增加，人们开始对原粮进行加工，如《易经·系辞》所记载"断木为杵，掘地为臼"。随着大量翻土工具的出现，锄耕农业向更广泛地区扩展，谷物种植面积扩大，产量提高。这一时期生产工具也得到改进，出现了很多精致的石铲（图 1-1）、石刀、陶刀、鹿角叉、獐牙勾形器，甚至蚌铲、蚌镰等，用于翻土、收割等。因为淮河流域优越的地理条件，这一时期出土的渔猎工具数量多、质量好，如在蚌埠双墩、定远侯家寨等遗址发现了网坠、骨镞、牙质骨钩、石匕首、骨匕首、石矛、骨矛等。尤其在蚌埠双墩遗址出土的陶器上刻画的图案除了有大量鱼纹，还有挖坑捕捞、设网捕捞、狩猎等情景。

图 1-1 新石器时代的石铲（杜军利 摄）

龙山文化时期（约公元前 2500 年—前 2000 年）遗址出土的文物中，渔猎工具明显比大汶口文化时期少，农业生产工具显著增多，如石犁、扁平穿孔石铲、骨铲、蚌铲、大型半月形双穿孔石刀、蚌刀、蚌镰等，说明当时农耕生产比渔猎的地位更重要。

史前时期淮河流域农耕活动因受自然气候制约，淮河以北主要农作物以粟为主，如在许昌丁庄遗址、新郑沙窝李遗址、滕州北辛遗址中均发现碳化粟粒等遗存，说明淮河流域粟作距今已有 7000 多年。在舞阳贾湖遗址发现的红烧土块中有 10 枚稻壳印痕，说明淮河流域从事稻作农业的历史由来已久，这把淮河流域人工栽培水稻的历史提早到 7000～8000 年前。大汶口文化时期，在淮河上中下游遗址中，都发现有稻作遗存，如郑州大河村、洛阳西高崖、连云港二涧、高邮龙庄、胶州三里河等遗址。在汝州李楼、禹州严寨、海安青墩、赣榆盐仓城、肥东大陈墩等遗址也发现大量稻作遗存。然而，粟作一直未在淮河以南地区发现，说明粟作农业与稻作农业属于两个不同的系统，其分界线可能正是淮河。

应该说，这一时期淮河流域的人们通过长期的农耕生产实践，已掌握了一些季节、气候与农作物的关系并加以利用，也出现了最早的农耕文明，这从安徽含山凌家滩遗址出土的新石器时代晚期的历法玉片可以得到证明。与此同时，原始饲养业作为原始种植业的补充，得到快速发展，尤以家猪为主，其次有狗、牛、羊、鸡等。比如，蚌埠双墩遗址出土的猪纹刻画形态憨厚，非常逼真。定远侯家寨遗址和淮北石山孜遗址出土的动物骨骼包括猪、狗、羊、鸡、马、牛、鹿等。在江苏邳州刘林遗址和大墩子遗址中出现了殉狗、殉猪等现象，说明此时淮河流域家畜饲养业空前繁盛。原始饲养业不仅可以为先民提供肉食，还可以为原始种植业提供肥料来源。饲养业在通过肉食改善人们生活的同时，也引起贫富分化，最终导致原始社会的解体。正如恩格斯所指出"家畜的驯养和畜群的繁殖，创造了前所未有的财富来源，并产生了全新的社会关系"。

二、夏商周春秋战国时期淮河流域农耕文明的兴起

据《管子·揆度》记载，上古时期，"共工之王，水处者什之七"，淮河流域水泽漫漫。据《尚书·禹贡》记载，禹"导淮自桐柏，东会于泗沂，东入于海"。禹南下治水，娶了蚌埠怀远"涂山之女"，"合诸侯于涂山，执玉帛者万国"。禹的威信，令万国臣服，从而禹的儿子启建立了夏王朝（约公元前2070年—前1600年）。据《论语·泰伯》记载，禹"卑宫室而尽力乎沟洫"。禹"高高下下，疏川导滞，钟水丰物"（《国语》），说明禹不仅消除了水患，而且发展了淮河流域原始农业。人们披荆斩棘，焚林造田，开发土地，发展农耕生产。据《孟子·滕文公下》记载，夏代覆灭前，位于安徽亳州一带的商国已在帮助河南宁陵附近的葛国耕种。随着商文化的南移，淮河流域农业生产获得了一定程度的发展，这从出土的此时期生产工具就能看出。如江苏徐州铜山丘湾遗址出土的石杵和石臼，江苏新海连市（今连云港市）锦屏山九龙口出土的石锛和石刀，河南罗山县蟒张墓出土的石镰和铜锛等。

商代（约公元前1600年—前1046年）甲骨文"我艺䅳于尸"和"告攸侯䅳"都是对淮河流域耕䅳的记录。从卜辞"王黍于南，王勿黍"以及"王于黍侯，受黍年"来看，河南商丘和鲁山一带盛产黍，并受到商王关注，说明淮河以北粮食作物以黍为主。然而，淮河以南则以水稻为主，比如在安徽寿县斗鸡台遗址、含山大城墩遗址均发现了碳化稻谷。但是，当时淮河以北气候温暖湿润，河流分布比较密集，因此也种植水稻，这可以从安徽固镇县濠城镇和江苏新海连市发现的碳化稻谷得到证明。

西周时期（公元前1046—前771年），淮河以北地区以种植黍、稷为主，

《诗经·曹风·下泉》中"芃芃黍苗"和《诗经·豳风·七月》中"黍稷重穋，禾麻菽麦"即说明了这一点。但是，此时麦的种植逐渐增多，这从安徽亳州丁固乡钓鱼台遗址发现的西周时期小麦种子可以佐证，而且《周礼·职方氏》有豫州"宜五种"（黍、稷、稻、麦、菽），兖州"宜四种"（黍、稷、稻、麦）的记载。至于稻作，淮河以北虽也有种植，但比商代明显减少。淮河以南地区仍然以种植水稻为主，如《周礼·职方氏》记载"扬州（包括如今的淮南地区）宜稻"，安徽六安西周晚期村落遗址中发现了碳化的稻谷堆。当时的农具仍以木、石为主，但是金属农具（铜器）有所增多，如在江苏仪征出土了西周时期的铜镰和铜铲。除种植业外，养殖业也有所发展。如《师寰簋》记载"征淮夷……殴俘士女牛羊"，说明当时的淮河流域产牛羊，考古发掘也证明了这一点。

春秋战国时期（公元前770年—前221年），崛起的楚国逐渐吞并了淮河流域其他国族，并通过与吴越文化的融合，促进了当时淮河流域农业的发展。主要表现在以下几个方面：

（1）铁器的使用逐渐普及。如在河南淅川下寺楚墓中曾出土玉茎铁匕首，在信阳长台关出土铁带钩，在江苏六合程桥出土铁丸和铁条，在安徽长丰楚墓出土铁矛和铁剑，在寿县楚王墓中出土铁镘和铁弩机等。特别是《老子》记载了当时用于冶铁的鼓风皮囊"橐籥"，说明当时铁器应用越来越广，从而推动了铁制农具的产生。如河南新郑仓城出土铁镘、铁铲和铁刀，郑州二里岗出土铁镘和铁锸，登封出土铁制的锄、镘、铲、镰等，商丘出土铁叉和铁镢；山东多地出土铁制的犁、锄、镘、铲、镰等；安徽灵璧出土铁犁铧，寿县出土铁镘和铁铲等。正因为铁质农具尤其是铁犁等的出现，牛耕得到了推广。如《孟子·滕文公上》记载淮河流域"神农之言"学者许行宣传人人都自耕自食，过俭朴原始的生活，其弟子陈相见孟子时，孟子问陈相"许子以釜甑爨，以铁耕乎"，此处即指铁犁牛耕。《庄子·秋水》提到"牛马四足，是谓天；落马首，穿牛鼻，是谓人"，而且当时牛、耕、犁等字也成为起名时髦之字，如孔子的弟子冉耕字伯牛，司马耕字子牛等。

（2）水利工程得到发展。首先是传统沟洫灌溉的应用，如《左传·襄公十年》记有"为田洫"，《左传·襄公三十年》记有"田有封洫，庐井有伍"。孙叔敖在河南固始开挖沟渠灌溉稻田，被后人称为"期思—雩娄灌区"，他还在安徽寿县主持修建了规模宏大的芍陂水利灌溉工程。《庄子·天地》记载了当时已使用的灌溉工具桔槔，运用杠杆原理提水灌溉，改变了传统的"抱瓮而汲"的方式,"一日浸百畦,用力寡而见功多"。魏惠王修建了著名的鸿沟水系工程,引黄河水入淮河支流颍水,使附近的农田得到良好灌溉。此时的灌溉工具更加先进,出现了辘轳,《墨子·备高临》记为"鹿卢"或"磨鹿",促进了农耕文明的发展。

(3)农田开发进一步加速。正是基于铁器、牛耕和水利的发展,淮河流域土地得以开发。如河南商丘、雍丘(今河南杞县)、沈丘(今安徽临泉县)、山东陶丘(今山东菏泽市定陶区)等淮河流域城市得到迅速开发,有的成了都城或都会。淮河流域的平原地区也得以开垦,如河南新郑在郑国迁居来之前,"庸次比耦以艾杀此地,斩之蓬蒿藜藿而共处之"。尤其是农田开发进一步受到重视,据《左传》记载,楚国一再迁徙居民,充实边荒之地,开拓荒田,从而出现了郓田(今山东郓城县)、汶阳田(今山东汶河)、制田(今河南新郑市)、许田(今河南许昌市)、濮西田(今安徽茨河)、州来田(今安徽凤台县)等良田。

(4)田间管理更加受到重视。首先,表现在平整土地上。其次,施肥得到重视,据老子《道德经》记载"天下有道,却走马以粪",《孟子·滕文公上》云"凶年,粪其田而不足",《礼记·月令》曰"季夏之月……土润溽暑,大雨时行,烧薙行水,利以杀草,如以热汤,可以粪田畴,可以美土疆"。最重要的一点是,当时提倡精耕细作,如《庄子·则阳》提倡"深其耕而熟耰之",《孟子·梁惠王上》提出"深耕易耨"。再者,农田管理水平提高,如《左传·哀公八年》记录鲁国南部的耕者南下开发吴国边境上的土地;据《左传·昭公六年》郑国有禁止进入农田区采樵和放牧的记录等;因此,淮河流域的鲁、宋、郑等国产粮逐年增多。

(5)麦和稻种植面积陆续增加。据《诗经·鄘风·载驰》记载"我行其野,芃芃其麦",《汉书·食货志》引《春秋》之语"五谷最重麦与禾也",说明了麦、禾(即粟)两种作物在当时的重要地位。《战国策·东周策》记载"今其民皆种麦,无他种",《淮南子·地形训》记有"沛水通和而宜麦",《孟子·告子上》记录"今夫麰(即大麦)麦,播种而耰之"。除了麦作之外,稻作发展也非常快,从《左传·昭公十八年》记录山东临沂北面郯国国君在稻田举行藉田礼就能说明这一点。再从《史记·货殖列传》中"楚越之地,地广人稀,饭稻羹鱼,或火耕水耨"也可见一斑。南朝裴骃在对《史记·平准书》的集解中引应了东汉应劭对"火耕水耨"解释"烧草,下水,种稻,草与稻并生,高七八寸,因悉芟去,复下水灌之,草死独稻长"。这种稻作技术已经充分利用灌溉条件，并将除草与沤肥结合，体现了当时农耕文明发展的水平。

在粮食作物生产和储备增多的同时，经济作物和园艺作物也得到了发展，如《史记·货殖列传》记录了淮河流域产桑、麻、漆、丝、六畜等，瓜果蔬菜种植显著增多。此时，虽然养牛业因为牛耕的普及得以发展，但是家畜饲养业逐渐退居次要地位，狩猎和采集只作为人们生活的必要补充。

该时期，由于农业生产技术的提高，出现了专门的农书，如《汉书·艺文志》卷三十记载"《神农》二十篇，六国时，诸子疾时，怠于农业，道耕农事，托之神农"，"《野老》十七篇，六国时，在齐楚间"。应该说，现存最古老的一部农书是《夏小正》，这也是当时淮河流域农耕文明的一个重要体现。该古农书按一年十二个月记录，分别记载每月的物候、气象、星象和有关重大政事，特别是农业生产方面的大事。如正月"农纬厥耒"和"农率均田"说明正月宜修整耒耜等农具以备春耕，二月"初俊羔"，三月"螜（即蝼蛄）则鸣"和"田鼠化为鴽"，四月"囿有见杏"和"执陟攻驹"，五月"浮游（即蜉蝣）有殷""煮梅"和"叔麻"，六月"煮桃"，七月"时有霖雨"和"灌荼"，八月"剥瓜"和"剥枣"，九月"树麦"（即种植麦子）。纵观全书，反映了当时谷物和纤维植物及园艺作物农耕、害虫害兽防治、蚕桑、染料、畜牧、采集和渔猎等。其中，马的阉割和园艺作物如芸、桃、杏等的栽培均系首次记载。从《夏小正》可见先秦时期淮河流域农耕文明的发展水平。

三、秦汉时期淮河流域农耕文明的迅速发展

秦王嬴政先后灭韩、赵、魏、楚、燕、齐六国，建立秦帝国（公元前221年—前206年），完成统一大业，这有助于淮河流域农业的发展，但随着秦末农民起义，淮河流域民众饱受了战争之苦。但是总的来说，秦汉时期（公元前221年—公元220年）淮河流域的农业生产水平已经赶上甚至超过了黄河流域。主要表现在以下三个方面：

（1）大兴水利，农田灌溉能力显著提高。汉元光三年（公元前132年），黄河在濮阳瓠子决口，然后移道东南注钜野泽通淮河和泗水，16个郡遭受水灾，无数良田被淹，庄稼被毁，人员伤亡严重。元封二年（公元前109年），汉武帝亲自带兵抗洪，堵塞决口，兴修水利，发展农业生产。在淮河上游，汉元帝"行视郡中水渠，开通沟渎，起水门堤阏凡数十处，以广溉灌，岁岁

增加，多至三万顷"，在建昭五年（公元前 34 年）修建六门堨，构建水利网。在淮南地区今舒城境内，西汉初就建有"七门堰"，灌溉八万余亩。在今河南正阳、息县一带，建有著名的鸿隙陂工程，灌溉农田。东汉复修鸿隙陂，使其与附近的焦陂、上慎陂、中慎陂、下慎陂连通，形成一片能调节水流的稻作灌区。《后汉书·何敞传》记录何敞在汝南太守时在汝颍之间即今安徽临泉一带"修理鮦阳旧渠，百姓赖其利，垦田增三万余顷"。据《水经注》记载，在汝水两岸陂塘"津渠交络，枝布川隰"，当时陂塘众多，如安徽阜阳富陂、大崇陂，江苏睢宁蒲姑陂，江苏泗洪蒲阳陂等。王景治河对淮河流域北部影响最大，淮河流域南部则以《水经·淮水注》中记载的霍邱穷陂（今城西湖）著名，章和元年（公元前 87 年）马棱在淮河流域东部"兴复陂湖，灌田三万余顷"。据《后汉书·王景传》记载，"郡界有楚相孙叔敖所起芍陂稻田，景乃驱率吏民修起芜废"。应该说，淮河流域陂塘水利的兴建，推动了农业基础设施的建设。如《后汉书·秦彭传》记载，在淮河以北泗水一带"兴起稻田数千顷"。此时期，水井分布密集，而且大多用于农田灌溉。如在河南淮阳发现一座具有水井的陶制田园模型，在河南泌阳发现 11 眼东汉水井，在安徽寿县发现 9 眼陶圈井，在江苏连云港发现陶圈井和单砖井，在山东嘉祥发现汲水图和辘轳图等。

（2）铁制农具普及和牛耕进一步推广，提高了农业生产效率。在秦汉时期，铁制农具为后来的畜力耕作——牛耕及精耕细作技术的提高提供了技术保障。此时，冶铁技术在战国基础上获得巨大发展，铁制农具进一步普及，取代了木石工具。如河南出土有铁制锸、铲、犁、镬、镰、锛等，安徽寿县出土有"都水官"铁锤、铁锄、铁犁等，江苏高邮出土有铁犁铧、铁铲、铁镬等。汉代《盐铁论·水旱篇》记载："农，天下之大业也。铁器，民之大用也。"《盐铁论·农耕篇》记载："铁器者，农夫之生死也。"可见，当时农业生产与铁制农具已经密不可分。战国至汉铁制农具逐渐改进，如《吕氏春秋·任地》云"耨柄尺，此其度也，其耨六寸，所以间稼也"，这是一种短柄锄，到了汉代演变成长柄锄，如同江苏睢宁出土的农耕图所示，农民从蹲着锄地到站着"立耨"，大大提高了农作的效率，更反映了农耕文明的进步。西汉中期，搜粟都尉赵过推行耦犁，是中国牛耕史上划时代的大事，同时他还发明了畜力牵引的播种农具"耧车"等重要农业生产工具。《后汉书·王景传》记载王景"教用犁耕，由是垦辟倍多，境内丰给"。《后汉书·樊晔传》也记载樊晔"教民耕田种树理家之术"。西汉的耦犁"二牛三人"反映了两头牛拉犁,一人牵牛,一人扶犁,一人压犁控制犁地深度。到西汉时,变成了"二牛二人",这从江苏泗洪重岗牛耕画像石就能看出,前后各一人,中间二牛并排拉拽直猿犁。江苏睢宁双沟画像石还出现了"二牛一人"农耕图,即一人通过穿牛鼻的环来控制耕作的两头牛。山东滕州"一牛挽犁图"则为一孩童在前牵牛,一大人扶犁在后。这些都反映了农耕技术的重大进步。正因此,当时的耕牛受到法律保护,如《淮南子·说山训》云"杀牛,必亡之数"。这一时期犁也有了很大变化。安徽寿县出土的犁铧一面凸起、一面板平,头部锐角减小,犁底空槽加大,这样就提高了犁地的效率。江苏睢宁石犁画像的犁梢和犁床由一根弯曲木材制成,在犁梢和犁铧之间有犁箭通过犁辕,上面还横插一木楔。通过这个木楔,人可以调节犁箭与犁辕的夹角,达到控制犁地深浅的目的。这种木楔是在犁壁发明之后,再次推动了犁耕技术的重大发展。江苏泗洪重岗牛耕画像石中犁梢和犁床则是用两根木材由榫卯连接,犁梢略向后仰,可以让耕者不需要过分弯腰前倾,而且可以通过摆动扩大犁铧与土地的接触面,提高土壤的破碎程度,这是在直犁基础上的又一大进步。除了犁,当时还出现了耙和耧车。如山东滕州犁耕图出现一人驾牛耙地的场景,江苏泗洪牛耕画像石出现有 6~8 根齿的"耢耙",说明当时可以利用耙碎土熟地。从此,农耕作业进入"深耕疾耰"的精耕细作阶段,提高了生产力。耧车是汉代最先进的播种机,曾在安徽淮北和河南南阳出土了耧车上的铁耧角和耧足。当时,利用耧车,配合"代田法"播种,效率大大提高。

(3)农耕技术显著进步,稻麦种植面积迅速扩大,产量大大提高。稻作农耕技术方面,首先是兴修水利、发展水稻,朝廷往往将其作为地方官员政德考核的标准,不仅淮河以南水稻面积迅速增加,连沿淮及淮河以北的汝河、颍河一带和江苏的北部也种植水稻。其次是改良土壤,据《氾胜之书》记载"春冻解"时"耕反其土",通过疏松土壤提高稻种发芽率,并将地表枯烂的杂草作为肥料翻入土中培肥地力。再次是合理播种,比如采用撒播,并根据田块土壤肥瘦决定播种量大小,并运用了移栽技术。此外还有灌水调温,如《氾胜之书》指出:天冷时,可打开田畦,将晒热的水放入田中提高水温,天热时,先将水放入沟渠冷却后再灌入田内;《淮南子·泰族训》记录了去除"离"(稻谷落地第二年自生的禾)的技术。麦作农耕技术方面,主要表现为选择穗大的种子,如《氾胜之书》记载"取麦种,候熟可获,择穗大强者,斩束立场之高燥处,曝使极燥。……藏以瓦器、竹器。顺时种之,则收常倍",这种穗选法正是长期以来小麦育种常用的混合选择法。从《淮南子》《说文》《博物志·物产》和《集簿》都能看出,淮南、淮北小麦种植面积已经相当大。当然,淮河流域除了稻麦之外,旱粮作物如黍、稷和高粱也有种植,但产量远低于前者。反映当时农业发展进步的还有东汉(公元25年—220年)后期崔寔创作的《四民月令》,该书记录了一年之中的例行农事活动,包括种植业、蚕桑业、畜牧业等,尽管记录比较简单且散佚不全,但其仍是一部反映当时农耕文明的重要书籍。

基于以上三大原因,秦汉时期淮河流域稻麦种植面积增加,粮食产量提高,余粮增多,许多地方出现了储粮的情况,如河南荥阳在秦代就建有大型粮仓——敖仓,河南新密打虎亭汉墓上有仓楼壁画,山东沂南庄园收租图和筵宴画像中绘制有高大五脊重屋粮仓,江苏高邮遗址中出土了储粮地窖,据《后汉书·郡国志》记载安徽天长西北的东阳有"吴王濞太仓"等。这些情形足以说明当时的淮河流域已经成为重要的粮食生产基地。随之带来的是粮食加工技术的进步。《太平御览》卷七六二记载,当时在东汉沛国相县(地处今安徽淮北市)出现的"践碓"就是利用杠杆原理,在地上安放石臼,上面架着木杆,杆前端装杵或者缚石,人在杆后端用脚踏动木杆,上下起落以脱去谷壳或舂米粉;在江苏泗洪汉代画像图中绘有"土砻",用于加工粮食。后来,人们在石磨、石碓、土砻上安装上装置,通过驴、骡、马等带动,则大大节省人工;尤其是"水碓"等装置的出现,"役水而舂"(即通过水力击打水轮舂米),则是在畜力基础上又有重大进步。综上所述,淮河流域秦汉时期农耕文明得到了前所未有的发展。

四、魏晋南北朝时期淮河流域农耕文明的曲折历程

魏晋南北朝时期(公元220年—589年)的淮河流域处于南北政权的对峙地段,战争频发,农业生产时遭破坏,时有恢复,农耕文明经历了近400年的曲折发展过程。

东汉建安元年(公元196年),曹操吸取秦汉统治者重农屯田的经验,采纳枣祗、韩浩等人的建议,"始兴屯田",在淮河流域屯田,其中河南颍川屯区是最早的民屯区,许昌招募农民屯田一年"得谷百万斛",沛国(今安徽濉溪县西北)南部"募民开屯田",淮南(当时属扬州管辖)"广屯田"。以上均为民屯,汉魏之际还开展了军屯。据《晋书·食货志》记载,曹操"广建屯田,又于征伐之中,分带甲之士,随宜开垦",夏侯惇在河南陈留郡"身自

负土，率将士劝种稻"，曹魏后期征南将军王昶"广农垦殖，仓谷盈积"。据《三国志·魏书·诸葛诞传》记载，曹魏末年从事军屯的官兵已达十万余人。其实，曹魏时期郡县管理与屯田是分开的，但当时淮河流域地方政府大多也重视兴建水利，发展农业生产。如郑浑曾"课使耕桑，又兼开稻田"，一度出现欣欣向荣的景象。但魏吴战争以后，农业生产开始衰落。

至西晋时期，民屯已废，军屯继续。如《晋书·食货志》记载"豫州界二度支所领佃者，州郡大军杂士，凡用水田七千五百余顷耳"，"分种牛三万五千头，以付二州将吏士庶，使及春耕"。此时期，实行占田制，农民可以合法占有一块土地，其生产积极性提高，自耕农得到发展，并出现了士族地主庄园。

西晋怀帝永嘉五年（公元 311 年），匈奴军队在刘渊之子刘聪率领下击败西晋京师洛阳的守军，攻陷洛阳并大肆抢掠杀戮，更俘虏晋怀帝及王公大臣，史称"永嘉之乱"。公元 316 年西晋灭亡，之后全国大分裂，出现十六国、东晋、北朝和南朝，南北对峙导致淮河流域农业生产受到严重影响。北魏统一北方后建立的北方政权实施"均田制"，让农民有一部分属于自己的土地，削弱了农民人身依附关系，减轻其负担，地主庄园发展壮大。在安徽阜南"多陂塘以溉稻"，在山东鱼台至江苏沛县一带，有民谣"世以此水溉我良田，遂及百秭"。因此，淮河流域在北魏中后期农业生产得到了恢复和发展。值得一提的是，该时期贾思勰所著的《齐民要术》虽是总结黄河下游地区农牧业生产经验、畜禽鱼养殖、食品加工与贮藏、野生植物利用、治荒方法、季节气候及土壤与农作物的关系等的农学专著，但对当时淮河流域特别是淮河以北地区农耕文明的发展起到了非常重要的借鉴和促进作用。至于南朝，起于东晋末年，刘裕北伐，先后灭南燕与后秦，收复淮河以北及关中的广大地区，建国号为宋，史称刘宋。从刘宋，到齐朝、梁朝，再到陈朝，淮河下游安徽与江苏交界的淮南地区"并充粮种，劝课士民，附近耕种"，其农耕文明也在曲折中恢复与发展着。

五、隋唐五代十国时期淮河流域农耕文明的显著进步

公元 581 年，淮河流域归属于隋朝（公元 581 年—618 年）。隋文帝即位的第二年，颁布了新的均田令和租、庸及调等制度，但是贵族地主广占良田，农民受田不足。为了开垦耕地和扩大种植面积，隋朝广泛兴修水利灌溉工程，有名的有梁公堰、丰兖渠、芍陂堰、玉梁渠、牌湖堤等几十处。

　　唐朝（公元618年—907年）以后继续推行均田制，但在唐高宗以后均田制出现危机，土地兼并蔓延。唐朝安史之乱和藩镇混战时期，也推行过屯田制，但却制约了农民的生产积极性，导致"种粮"都不能自给。唐代为了灌溉和开垦田地，快速发展水利工程。据《新唐书·地理志》记载有数十处，如许州长社县（今河南许昌市）、陈州西华县（今河南周口市）、颍州汝阴县（今安徽阜南县）、濠州钟离县（今安徽凤阳县）、宿州符离县（今安徽宿州市）、寿州安丰县（今安徽寿县）、楚州淮阴县（今江苏淮安淮阴区）、泗州盱眙县和涟水县（均位于今江苏淮安市）、扬州江都县和高邮县（均位于今江苏扬州市）等。

　　随着隋唐时期水利灌溉工程的不断兴修，特别是南北统一，作物交流广泛，小麦种植从淮北扩展到江淮地区，水稻种植从江淮扩展到淮北地区，整个淮河流域种植的作物品种类型增多，包括粟、水稻、小麦、大豆等，且栽种桑树、茶树、油料作物、果蔬、药材、林木等，从而出现了大农业的良好局面，农耕技术显著进步，农作物尤其稻、麦、粟产量大大提高，这也带来了大型粮仓的建设。如隋朝在淮河流域及附近地区建设特大粮仓，如常平仓（位于今河南三门峡市）、河阳仓（位于今河南孟州市）、黎阳仓（位于今河南浚县）等。据《通典·卷十二·食货》记载，唐朝在河南、淮南两道三仓储粮居全国前列，由此可见淮河流域农业生产规模遥遥领先于其他地区。也因此出现了"走千走万，不如淮河两岸"这样的谚语，并流传至今。

　　五代十国时期（公元907年—979年），是一段大分裂时期，初期战乱频繁，特别是蔡州秦宗权肆意烧杀，加上后梁与晋交战，多次人为掘开黄河，导致淮河流域北部洪水泛滥，农田遭到巨大破坏。直到后周的郭威将田地、耕牛、农具和庐舍等分给佃户，鼓励农民开垦耕种，修复农田水利。柴荣即位后，注重水利兴修，堵塞黄河决口，农业生产得以好转。与此同时，吴与南唐兴修水利，招抚流民，鼓励开垦耕种，出现"江淮间旷土尽辟，桑柘满野"的局面。据记载，后唐在洛阳城南设置稻田务机构，专门管理水稻生产，这一时期水稻已成为淮河流域主要农作物之一。

　　纵观历史，隋唐五代十国时期淮河流域农业迅速发展，得益于农业生产经验的总结和推广，并因此促进了淮河流域农耕文明的显著进步。重要农业文献可以归纳成以下七大类：

　　（1）包罗农业百科知识的《四时纂要》（韩鄂著），包括春两卷，夏秋冬各一卷。该书在前人《氾胜之书》《四民月令》和《齐民要术》的基础上发展并有所创新，比如增加了种植棉花（注：有人怀疑系后人加添，但尚难确定）和菌类、栽培茶和药用植物、嫁接果树、养蜂等。

（2）记录耕作技术的《种植法》（诸葛颖著）和《栽植经》（杜师仁著）。

（3）记述天文农时物候的《演齐人要术》（李淳风著）、《太衍历》（张遂著）、《千金月令》（孙思邈著）、《乘舆月令》（裴澄著）和《保生月录》（韦行规著）。

（4）记载花草园林的《百花谱》（贾耽著）、《园庭草木疏》（王芳庆著）、《金谷园记》（李邕著）和《平泉山居草木记》（李德裕著）。

（5）总结农业生产经验的《兆人本业》（武则天删定）、《耒耜经》（陆龟蒙著）和《茶经》（陆羽著）。

（6）阐述畜牧技术的《水牛经》（造父著）和《相马经》（徐成著）。

（7）修撰用于农业生产的《唐月令注》农书（一批有学识的官员和科学家编著）。

六、宋元明清时期淮河流域农耕文明的衰退与恢复

（一）北宋时期淮河流域的农耕文明发展

北宋时期（公元960年—1127年），初期淮河流域社会矛盾尖锐，水旱灾害频发，官吏地主寺僧强霸民田，农民土地被兼并，"常赋之外，征敛杂出"（苏轼《东坡全集》卷七九），农民的赋役负担沉重，导致大量弃田流徙。北宋政府为缓和社会矛盾，清除农业生产发展的障碍，在淮河流域劝民募民垦田，开仓放米，贷款给农民，兴修农田水利灌溉工程，均田检田。据《宋会要辑稿·食货》记载，熙宁年间（公元1068年—1077年）曾出现"四方之民，辐凑开垦，环数千里，并为良田"的耕垦热潮。农耕文明的发展，主要体现在以下五个方面：

（1）农业生产经验的总结。如曹州邢昺著《耒耜岁占》三卷，"大有稽验，皆牧童村老岁月于畎亩间揣占所得"；济州邓御夫著《农历》一百二十卷，记载了农牧业、纺织经验及种植工艺和养生备荒之事；高邮秦观著《蚕书》一卷。

（2）耕犁等农具的进一步改进。扬州曾出土了一种铁铧刃边带钢的耕犁，适合垦荒之用。据载当时淮河流域特别是安徽亳州等地发生牛疫，耕牛死亡大半，人们创造了"踏犁"，以人力代替畜力。据《宋会要辑稿·食货》记

载，这种犁是"牛耕之功半"，却"比镬耕之功则倍"。

（3）南稻北引推广稻麦两熟耕作制。因为水利灌溉工程的修建，原来淮河以北地区的许州、汝州、蔡州和颍州广泛种植水稻。据李焘《续资治通鉴长编》记载，宋朝熙宁六年（公元1073年）河南开封"分耕畿县荒地，以为稻田"。当时许州还出现"压塍霜稻报丰年，镰响枷鸣野日天"的丰收景象。因连年干旱，一种"耐旱、繁实、可久蓄、宜高原"的旱稻由福建引种至淮河流域。据《宋会要辑稿·食货》所记，"占城稻"旱稻一年引种三万斛，"择民田之高仰者分给种之"，这大大促进了稻麦两熟轮作在淮河流域的推广。

（4）桑茶花木的种植。在种桑养蚕方面，汝州襄城县（隶属今河南许昌市）"课民种桑"，沂州（今山东临沂市）"其民杂有桑麻之业"，淮南地区出现"桑根植深，苎根植浅，并不相妨"的桑麻间作模式。在种茶方面，据《宋史·食货志》记载，光州（今河南潢川县）设有光山场、商城场和子安场，寿州（今安徽寿县、凤台县、霍邱县）设有霍山场、麻步场和开顺场。在花木方面，菊花在陈州（今河南周口市淮阳区）和京师（今河南开封市）广为种植，牡丹在陈州"盛且多"（张邦基《陈州牡丹记》），海棠在"京师、江淮尤竞植之"（沈立《海棠记》），芍药在扬州"其傲腜盛大而纤丽巧密者，皆他州所不及"（吴曾《能改斋浸录》卷十五），梨、桃、枣、柿、栗等也被广泛种植。

（5）畜牧业和渔业的发展。据吕祖谦《宋文鉴》卷二记载"中牟以西，地广沙平，尤宜牧马"，"汴河以南县邑，长陂广野，多放牧之地"，当时的淮河流域官民均养马。除了养马之外，还养牛、羊、驴、骡等。同时，因淮河流域拥有良好的河道及塘渠，渔业也得到了发展。

（二）宋金对峙对淮河流域农耕文明的影响

靖康二年（公元1127年），北宋被金所灭，宋徽宗之子赵构在应天府（今河南商丘市）称帝，是为宋高宗，史称南宋。绍兴八年（公元1138年），宋高宗离开建康（今江苏南京市），来到临安（今浙江杭州市），与金隔淮对峙，战争连连，加之黄河夺淮，水利工程被破坏，导致水旱频发，淮河流域"可耕之田，尽为废地"（《金史·李浩传》），淮河流域人口急剧下降，"田莱之荆榛未尽辟，闾里之创残未尽苏"（仲并《浮山集》卷四），"种之卤莽，收亦卤莽"（虞俦《尊白堂集》卷八），农耕粗放，农业生产遭到严重破坏。公元1141年，宋高宗与金朝签订"绍兴和议"，换取了在"淮河—大散关"以南地区的统治权，使得淮河流域出现了相对稳定的一段时期，农业生产也得到了一些恢复，如金人将刘豫伪齐政权的"诸军悉令归农"，南宋官府收买耕牛并"借给人户耕种，免纳租课"（《宋会要辑稿》），当时无论金还是南宋都开垦荒田，并兴修水利，打井灌溉。据《金史·食货志》记载，"砀山诸县陂湖，水至则畦为稻田，水退种麦，所收倍于陆地"。随着垦田面积增加，蚕桑业得以发展，西瓜传入淮河流域的河南开封一带，出现"碧蔓凌霜卧软沙，年来处处食西瓜。形模濩落淡如水，未可蒲萄苜蓿夸"（范成大《石湖居士诗集》卷十二）的盛况。但是，该时期淮河流域农业生产已经很难恢复到隋唐五代时期那种繁荣景象，农耕文明也就很难有所发展和进步。

（三）蒙元时期淮河流域农耕文明恢复与衰退

蒙金战争导致淮河以北地区一片萧条，"沿途茂草长林，白骨相望，虻蝇扑面"（周密《齐东野语》卷五），"遗民无几"（《元史·杨奂传》）。金亡之后，淮河流域又成为蒙宋争夺的战场，根本谈不上农业生产。特别是蒙军统治的淮北地区"分拨牧马草地"（《元史·肖乃台传》），耕地多被践踏荒芜。直到忽必烈即位后，昭示天下"国以民为本，民以衣食为本，衣食以农桑为本"（《元史·食货志》），并编制《农桑辑要》予以颁发，特别是禁止将农田占为牧场，"悉归于民"或"听民耕垦"，农民可以自由开垦，甚至对开垦的荒地拥有所有权。至元朝前期，黄河决口基本得到修补，加之兴办屯田，兴建水利，农耕得到一定程度的恢复。元朝统一全国后，淮河流域全面屯垦。至元二十一年（公元1284年），"以江淮间自襄阳至于东海多荒田，命司农司立屯田法，募人开耕，免其六年租税并一切杂役"（《元史·世祖纪一〇》），这对无地的农民吸引力大，"率多创开荒地"（王祯《农书》），加之开辟沙田、淤田、圩田和梯田，耕地面积明显增加，在一定程度上促进了农业生产的发展。但到元朝后期，政治腐败，战祸连连，屯田几乎被废，加之水旱灾害频发，黄河决堤，淮河流域农民无力农耕，农耕文明衰退严重。

应该说，元朝统治全国时间并不长（公元1271年—1368年），但却在我国农学史上留下了三部比较出色的农学著作，即元朝司农司编写的《农桑辑要》、王祯《农书》和鲁明善《农桑衣食撮要》，尤以王祯《农书》影响最大。该书在前人著作基础上，总结了自秦朝以来的农耕经验，第一次对所谓的广义农业生产知识进行了较系统的论述，提出了中国农学的传统体系，在中国古代农学遗产中占有重要地位，也在一定程度上推动了农耕文明的恢复。

（四）明清时期淮河流域农耕文明在衰落中发展

公元1368年，生于淮河中游安徽凤阳的朱元璋在应天（今江苏南京市）

称帝，建立明朝。公元 1644 年，李自成率农民军攻入北京，崇祯帝自缢，吴三桂引清兵入关，明朝灭亡，清朝统一全国。自明朝至清朝达 500 多年的历史中，因淮河流域独特的自然地理条件，洪涝、干旱、蝗虫、冰雹多灾频发，加之黄河夺淮时有发生，导致农耕生产受到严重破坏。为逃避灾荒和沉重赋税负担，大量农民背井离乡，如同当地民谣所唱："说凤阳，道凤阳，凤阳本是个好地方，自从出了个朱皇帝，十年倒有九年荒，大户人家卖田地，小户人家卖儿郎，唯有我家没得卖，肩背锣鼓走四方。"当然，明清统治者也非常了解淮河流域农业对朝廷的重要性，所以通过移民垦荒，兴修水利，减免税赋，甚至发放种子和耕具等措施，使得淮河流域大量荒地得以开垦。

明清时期淮河流域农耕文明重要特征是：

（1）荒地开垦变良田。据《明会典》《清世宗实录》和道光《阜阳县志》等记载，明清时期河南和凤阳地区耕地面积激增，许多原本的荒地变成了肥沃的农田；在清朝，安徽灵璧县、阜阳县和寿县大量荒地被开垦成良田；等等。

（2）耕作技术显著进步。以安徽五河县和凤台县为例，清代通过施用粪肥、轮作、间作、套作等措施精耕细作，耕作制度从两年三熟发展到一年两熟，甚至一年三熟（光绪《五河县志》、嘉庆《凤台县志》），粮食产量显著提高。

（3）种植的农作物种类明显增多。首先，稻麦种植广泛且种类繁多。据正德《颍州志》记载颍州稻谷有 17 个品种；据嘉靖《固始县志》记载，稻类达 40 余种、麦类 3 种、粟类 4 种；据万历《淮安府志》记载稻有秔（粳）糯两种，颜色也分红、黄、紫等数种；据康熙《泗州志》记载"香稻亦芒稻也，类晚粳而色微黄"。其次，蔬菜和水果种植增多。如嘉庆《凤台县志》和乾隆《江南通志》记载，青、白、胡萝卜，黄韭菜，南瓜，苹果等均有种植。再者，引种国外农作物品种。如安徽颍州（正德《颍州志》）、霍山引种抗灾高产作物玉米后，"延山漫谷，西南二百里恃此为终岁之粮"（乾隆《霍山县志》）；安徽凤台、寿州引种的番薯成为救荒之物，得到迅速推广和普及（光绪《凤阳县志》）。

（4）烟草、棉花、染料、中药材等经济作物迅速扩大。据光绪《凤阳县志》记载，清代凤阳烟草"纵横千里"，所以新中国成立后安徽省农业科学院烟草研究所即建于此；至于棉花和染料，在淮河上游河南地区、淮河中游安徽亳州地区以及淮河下游山东地区种植均十分普遍；关于中药材，据正德

《汝州志》、正德《颍州志》、乾隆《颍州府志》、嘉靖《寿州志》、乾隆《六安州志》、天启《淮安府志》等记载，中药材种类十分广泛，仅乾隆时期的六安就达到 84 种、颍州达 70 种。清末，安徽亳州成为药商云集、药栈林立、药号巨头密布、经销中药材 2000 余种的中药"药都"。新中国成立后，亳州已发展成全国最大的中药材集散地。

　　基于以上原因，明清时期淮河流域农业生产取得较大进步，生产关系也发生了重大变化，农耕文明从衰落中也得以恢复和发展。

第二章　淮河流域农耕文明的起源与特征

第一节　淮河流域农耕文明的起源

一般认为农耕文明地带主要集中在北纬20°至40°之间，这一纬度范围光照充足，降水充沛，高温湿润，适宜农耕生产。学术界公认农耕文明的发源地包括古巴比伦、古埃及、古希腊、古印度和中国。中国自古就是一个农业大国，中华文明延绵至今，与农耕文明密不可分。中华农耕文明最早兴起于涵盖淮河流域在内的中原地区。关于淮河流域农耕文明的起源，下面仅从淮河流域上、中、下游的河南、安徽、江苏三省选取代表性地区进行介绍，以期窥一斑知全豹。

一、信阳地区农耕文明的起源

淮河流域农耕文明的形成发展是中华文明得以形成和建立的基础。信阳，古称义阳和申州，位于河南省最南端，地势南高北低，大别山、桐柏山在南面首尾相连，由南往北分布着山地、丘陵、平原等地形。信阳地区作为淮河源头，具有鲜明的文化特色，形成了特有的农耕文明。下面仅从信阳地区的历史回顾和农业发展历程来追溯信阳地区农耕文明的起源。

（一）信阳地区的历史回顾

原始社会时期，新石器时代的信阳就有人类繁衍生息。西周时期，境内有申、息、弦、黄、江、蒋、蓼等诸侯国。春秋战国时期，楚国相继灭掉了上述七个诸侯国，划为自己的势力范围。秦朝时期，秦始皇一统天下，设陈郡、衡山郡、九江郡。西汉时期，分属三郡（国），即归豫州刺史部的汝南郡，荆州刺史部的江夏郡，扬州刺史部的六安国管辖。东汉时期，变化不大，仅扬州刺史部的六安国变更为庐江郡管辖。三国时期，属魏国管辖，归豫州的汝南郡、弋阳郡、安丰郡，荆州（魏）的江夏郡管辖。西晋时期，只是治所和州郡辖管有所变动。南北朝时期，以淮河为界，行政区域被一分为二，分别为南朝的宋、齐、梁，北朝的北魏、北齐管辖。隋朝时期，归汝南郡、义阳郡、弋阳郡管辖。唐朝时期，归淮南道的申州、光州，河南道的豫州管辖。北宋时期，归京西北路信阳军、蔡州，淮南西路的光州管辖。南宋时期，金兵南侵，此地为两军交战的前沿，辖域内分而治之。元朝时期，归河南江北行省的汝宁府管辖，废除了信阳军，先为信阳州，后改为信阳府，再后恢复为信阳州。明朝时期，归河南布政司的汝宁府管辖。清朝时期，设有汝宁府和光州，均隶属于河南行省。中华民国成立后，废州改县，信阳州、光州分别改为信阳县和潢川县。新中国成立后，分设信阳专区和潢川专区，后改为信阳地区，再改为信阳市。

（二）信阳地区的农业发展历程

新石器时代，信阳原始农业就已经开始，当时这里土地肥沃、水源充沛，适合种植粟、麦和水稻。如从潢川县三河尖一处墓葬中发现了一件制作精良的石磨盘。另外，境内还有仰韶时期、屈家岭时期和龙山时期的文化遗址20多处，出土了大量农业器具，如石铲、石镰等。在盘龙岗古遗址中，出土了石斧、石凿、石箭头、鼎腿、鬲腿、陶罐片、蚌壳等。在霸王台古遗址还发现石斧、石凿、鬲、鼎、盆、罐、壶等，这些均属裴李岗文化类型的遗物，距今已有7000~8000年历史。这是信阳农业最早的见证。

夏商时期，先民学会了放火烧荒、引水灌溉和耕种，农业已由原始形态过渡到初级粗放耕作，并出现了纺织和冶炼手工业。如罗山县莽张乡天湖村发掘的商代墓葬中酒器最多，这说明当时已有粮食剩余可用来酿酒。从淮河支流洪河打捞的古水牛化石以及罗山天湖商代息族墓出土的玉雕卧牛和牛头，说明水牛出现并被驯化，并在农耕中发挥了重要作用。

西周至春秋时期，田间劳动的农具主要还是木、石、骨、蚌制作的耒耜和镰刀等。楚消灭淮河上游的诸侯国后，开辟了史河、灌河农业区，引史河之水灌溉农田，这也是我国最早的水利工程之一。这一时期的古城遗址如蒋城、黄城、江城、息城已成雏形。从光山县黄君孟夫妇合葬墓出土的彩绘棺、大量丝织品和青铜器及蚕纹玉雕等来看，当时农业生产技术已有显著进步。

秦汉时期，外来移民不断迁入，同时倡导屯田开荒，开凿鸿隙陂引淮水灌溉淮河、汝河一带的稻田，修复青陂灌溉良田，在固始县修建了茄陂，在潢川县修建了小弋阳陂，在淮河以南屯田。这些措施促进了当时农业经济发展，也带动了手工业和副业生产，地方商业开始萌芽。

唐朝时期，修复和新建了许多水利工程，如雨施陂和玉梁陂等。同时，建造高山梯田和坡地，大量山林得到开发，可耕地不断增加，农业得到发展，百姓安居乐业，人口迅速增长，这里已是沿淮地区先进的农业地区，成为中央王朝获取粮食、兵源和财源的重地。

宋元时期，小麦和水稻种植面积迅速扩大。宋真宗大中祥符五年（公元1012年），从福建引进了耐旱、耐涝、早熟、高产和出饭率高的占城稻，打破了之前粳稻种植一统天下的局面，占城稻作为籼稻，其种植面积迅速占据首位。同时，众多山地得到开发，茶叶、油料、蚕桑等经济作物种植面积也不断扩大。据元代马端临《文献通考》记载，光州（今河南潢川县）产东首、浅山、薄侧等名茶。因金军南下，该地区战火纷飞，农业经济遭到严重破坏。至宋金对峙时期，农业在艰难中恢复和发展着。随着金和蒙古的南侵，饥荒爆发，人口大量南迁，促进了小麦种植技术向南方传播。

明清时期，农业得到了一定恢复和发展。明太祖朱元璋积极鼓励屯田垦荒，之后申、光、息三州一度划归中都临濠府，给生产开发带来诸多优惠政策的支持。随着明朝移民垦荒、兴修水利、安置流民等措施的实施，山区得到开发，耕地面积增加，人口增多，商品经济得到较大发展。涌现出一批贡品，如香米、人参、葡萄酒、糖蜜、果品、酥油、茶芽、粳糯和粟米等。清代以后，山区资源得到全面开发，并迅速带动当地交通和手工业发展，尤其酿酒业成为信阳地区重要的致富产业。

信阳地区农业发展的历史，印证了中原文明和荆楚文明的伟大交融，这种南北交融的地缘效应产生了独特的信阳农耕文明，并对中华农耕文明产生了重要影响。但是，传统的农耕文明如果不加以发扬光大，也可能会制约地区经济发展，因此现今尚需不断加以发展和完善。

二、蚌埠地区农耕文明的起源

蚌埠位于淮河流域中游，因盛产河蚌而得名。从许多典籍中可以找寻到蚌埠农耕文明的起源。《尚书·禹贡》中记载"淮夷蠙珠"。淮夷，淮水之上夷民也,此处淮夷所指即古代居住在淮河中下游的氏族部落。蠙系蚌的别名,此蚌出珠,淮夷贡之,相传古代曾采蚌取珠于蚌埠。船舶聚集之处曰埠头,亦曰步头,蚌埠旧属凤阳县,称蚌埠集,亦曰蚌步集。秦汉以前蚌埠属于涂山国,秦汉时属九江郡,以后为淮南郡、马头郡、钟离郡分岭,明朝设凤阳府,直至清末皆为凤阳边陲集镇,太平天国治下曾一度繁荣,"淮盐"也在此集散。《凤阳府志》中记载蚌埠乃"古采珠之地",是淮河南岸的"渔村古渡"。直到19世纪前半叶,大体以淮河为界,河的南北岸分属不同的郡、道、州、县。清同治二年(公元1863年),才划凤阳县马村沟以西、怀远县席家沟以东、灵璧县后楼为蚌埠独立行政区,置三县司,直属安徽省凤阳府。中华民国成立后,三县司废,蚌埠改属凤阳县。1947年1月1日,蚌埠正式设市,脱离凤阳县,直属安徽省。蚌埠所辖怀远县为宋置怀远军及荆山县,据《名胜志》,宋置怀远军,取宋理宗赵昀"荆山为城,义在怀远"一语为军名,元置怀远县。蚌埠所辖固镇县为北魏太和中置固镇,金称西固镇,1964年设固镇县。蚌埠所辖五河县为宋置县,以淮、浍、漴、潼、沱五河在此汇流而得名。

(一)七千年前的双墩文化起源

蚌埠市风景优美,交通便利,物产丰富,是皖北的中心城市之一,历来为兵家必争之地。距今7000多年前的双墩遗址位于蚌埠市淮上区小蚌埠镇双墩村,是中国社会科学院考古研究所在安徽省境内发现的一处早期新石器时代遗址,出土了大量珍贵文物,是目前蚌埠地区最早的农耕文明起源记录。现存于蚌埠市博物馆,在20世纪70—80年代该古遗址中出土的石镰、石斧、鬲足、陶片、鹿角化石、蚌刀、陶碗、渔网坠、甑等,均显示出蚌埠早期的农耕文明发源。从石镰、石斧、蚌刀、陶碗、渔网坠等文物可以推断,早在7000多年前,蚌埠就有了"刀耕火种",就开启了淮河流域的古代农耕文明。1986年在蚌埠市淮上区双墩遗址出土的饼形器是古代粟等谷物脱粒的工具,说明早在7000多年前,蚌埠双墩人就开始了谷物的种植。而甑是用来蒸美食的器皿,不难想象,古代双墩人已经开始了对美食的追求。

(二)四千年前的蚌埠钓鱼台及梅孤堆文明发展

位于蚌埠市南郊的钓鱼台、西郊的梅孤堆两个古代遗址,与北郊的双墩遗址遥相呼应。钓鱼台遗址位于蚌埠市禹会区境内,由四个形状相仿、间隔相近、大小高低不等的台型高墩组成。西北紧邻张公山,老虎山、燕山在南向也只有两里之遥，面对席家沟、张公湖。因台墩周围地势低洼，站在台上可钓鱼，故有"钓鱼台"之称。台址经数千年雨水冲刷，其状渐显平坦。根据显露于外的文化层及遗物、化石可知，这里曾是古人生产、栖息之地。1982 年，钓鱼台遗址被确定为蚌埠市首批文物保护单位；2014 年，安徽省文物考古研究所对钓鱼台遗址展开考古发掘。经鉴定，该遗址为新石器时代龙山文化晚期至商周时期的古人群聚生活遗址，距今有 4000 多年的历史，其中新石器时代遗址的主体堆积较为单薄，遗迹有灰坑、灰沟、柱洞等，出土遗物可辨器类有鼎、碗、豆、瓮等。西周时期遗址的主体堆积，遗迹有灰坑、灰沟、灶、烧土墙等，出土遗物可辨器类有鼎、陶鬲、罐、盆、甗、鬶、豆、钵、瓮、陶纺轮等。从出土的鼎、陶鬲、甗、鬶等可以看出，当时的人们在这里做饭生活，而陶豆是盛放黍、稷等农作物的器皿。根据陶纺轮可以判定当时的妇女已经掌握了纺织衣服的基本技能。根据当时出土器皿的精美程度和数量，可以推断当时有部落在蚌埠聚集生活。

西郊的梅孤堆遗址北临淮河，西依涂山，东、南两面都是广阔的平原，农耕渔猎都很方便。遗址地势平坦，高出周围地面约 5 米，呈不规则椭圆形，西端宽约 15 米，东端宽约 27 米，长约 70 米，占地面积 4 亩多，其地表遗物较丰富，应为新石器时代晚期至商周时期聚落遗址。除少量新石器时代晚期的夹砂红陶鼎足、腹片外，多为商周时期遗物。目前遗址仅做过初步调查，其分布范围和文化层堆积不详。

（三）四千年前为耕而始的大禹治水

蚌埠禹会村遗址位于蚌埠市西郊涂山南麓的淮河东岸，是淮河流域发现的最大一处龙山文化遗址，距今 4000 年左右。遗址发掘出大量的祭祀用的陶器，可以推断当时在这里生活的人们已经有了信仰，农耕文明进入了一个新的发展时期。蚌埠涂山因禹会诸侯而闻名，《左传》和《史记》中分别有"禹合诸侯于涂山，执玉帛者万国"和"夏之兴也以涂山"的记载，以此确立了涂山和禹会村遗址的重要历史地位。

距今 4000 年前为新石器时代晚期，蚌埠西郊即涂山氏国所在，在此留下了许多关于夏禹的传说：禹娶涂山氏国女为妻生子启（我国第一个朝代夏的第一位帝王）于台桑，为治水"三过其门而不入"，为团结广大部落统一政令"大会诸侯于涂山"，禹王宫、启王庙、台桑、望夫石等都是与大禹活动有关的遗迹，可见在新石器时代，蚌埠就是"淮夷"氏族的活动中心。禹之子启建立了我国第一个世袭制王朝夏朝，形成发展为华夏民族与华夏文明的雏形，华夏文化成为各氏族部落共同认同的文化。

众所周知，农耕文明高低的决定因素之一在于水利。只有富饶的土地与丰富的水源，才能保证农耕生产的稳定高产，保证农民生活的富足和氏族部落的繁荣稳定。在人类从原始采集、渔猎生活走入以固定农耕生产为主的生活方式的过程中，人们从依赖果树和河流湖泊丰富的地理环境，转向依赖土地和可控水源的地理自然环境。那么，在这两种人类生活依赖环境的转变过程中，人类必然要对前期依赖的丰富河流湖泊进行改造和控制，以满足向农耕生产方式的转变。这就是尧舜禹时期，古中国、华夏地区人们大规模治理洪水的根本原因，而不是因为突然遇到了世纪大洪水。在上古史料记载中，唯一得以确认的大禹治水地点，就是位于淮河流域的涂山地区。大禹在此开山劈岭，疏通淮河，大会万国诸侯。而以涂山为中心的淮河南北广大地区，正是河流纵横、湖泊沼泽遍布、土地肥沃的广大平原地区。这里不仅是早期华夏人民从事采集、渔猎的极佳地区，也拥有农耕文明形成并发展的极佳自然环境。

以渔猎为主的生活方式，洪水洪涝对人类生存影响并不大，相反却可能是有利因素，可以提供更广阔的水域供鱼类生长，为人类提供更丰富的鱼类资源。只有农耕文明高度发展，才需要对这些土地富饶、受洪水洪涝影响比较大的平原地区进行洪水治理。这才是尧舜禹时期，鲧、禹父子两代大规模治水的重要原因。这一时期是渔猎生活方式转向农耕为主生活方式的关键节点。

如果把大禹在淮河涂山治水的事实与这段史料的描述结合分析和推论，可以做一个合情合理、符合远古华夏先民生活发展轨迹的判断：只有淮北地区的平原区域，才可能出现"当尧之时，天下犹未平，洪水横流，泛滥于天下。草水畅茂，禽兽繁殖，五谷不登，禽兽逼人。兽蹄鸟迹之道交于中国"（《孟子·滕文公上》）的情景。而"五谷不登，禽兽逼人"正是大禹治水的主要原因，并不是因为洪水威胁了华夏人民的生命安全。

（四）两千年前农耕鼎盛的谷阳城

固镇谷阳城遗址位于安徽省固镇县城南1千米，距今2000多年。据史料记载，谷阳城建于西汉初，废于唐显庆元年（公元656年），其间作为谷阳郡、阳平郡、阳平县等郡县治所达862年之久，在汉属沛郡谷阳县地，后汉属沛国。南北朝时期，北魏在谷阳城置阳平郡，太和年间改为谷阳郡，改谷阳城为谷阳镇，俗称谷镇，后逐步演变为今天的固镇。东魏武定六年（公元

548 年）复取谷阳郡，领连城、高昌二县。隋废谷阳郡，仍为谷阳县。谷阳城遗址地表遍布汉代碎砖瓦、碎陶片等，还出土过陶拍、陶豆、石础等器物。

在遗址考古发掘中，出土文物十分丰富，有青铜器、陶器、石器、铁器、青瓷器等。其中青铜器包括兵器、车马器、工具、钱币、印章、铜镜等，陶器有封泥、筒瓦、板瓦、瓦当、罐、鼎、豆、盆、壶、甑、瓮、双耳圜底罐、杯、纺轮、陶范等，石器有臼、磨盘、柱础、石范等，铁器有犁、斧、刀、匕、盘、釜等。与同一地区之前的文物相比较，出现了犁、纺轮等农业工具，不难看出，当时的人们已经熟练掌握了一些农业工具的使用。而臼、磨盘、柱础、石范的出现，则说明人们对美食的追求也达到了一个相当的高度。

纵观历史，蚌埠作为安徽省第一个设市的城市，已发展成为淮河流域重要交通枢纽和重要农副产品生产基地及区域性加工、商贸、科技和文化中心。或许，正是受悠久农耕文明的影响，这里产生了灿烂的淮河文化，有专家认为其可与长江文化和黄河文化相媲美。

三、盐淮地区农耕文明的起源

人类历史上，水是文明的先决条件，淮河之水就是这样造就了盐城和淮安（简称盐淮）农耕文明。作为淮河下游重要区域，盐淮地区在淮河流域农耕文明发展过程中发挥着重要作用。下面从盐淮地区历史建置、农业发展、农耕文化品牌及重要遗址四个方面来介绍该区域农耕文明的发展进程。这样不仅有助于了解盐淮农耕文明在历史上形成的过程，也期望能为盐淮地区现代农业发展提供参考和借鉴。

（一）盐淮地区的历史建置

盐城和淮安历史悠久，是中国东部沿海开发较早的地区之一。夏商周时期，为"徐夷"和"淮夷"聚居地，隶属扬州。春秋战国时期，先后为吴、越、楚国所有。秦统一六国后，推行郡县制，盐城和淮安分别属泗水郡和东海郡。东汉分别属下邳国和广陵郡。三国时期是魏和吴重要的争夺地。魏晋南北朝时期，该地区长期处于战争和对峙的前沿，建置紊乱，隶属多变。隋大业十一年（公元 615 年），江淮农民起义军领袖韦彻于盐城称王，置射州，分为射阳、新安、安乐三县。宋代，盐城和淮安属楚州、泗州，其属地互相之间都有交替。元初盐城属江北淮东道，至元中属河南江北行省淮安路，而淮安境内先后置淮东安抚司、淮东总管府和淮安路。明初，盐城属应天府，而淮安属淮安府。清初淮安和盐城都属江南省，新中国成立以后均隶属江苏省。

（二）盐淮地区农业发展

据史料记载，夏商统治者多次大规模地发动征服淮夷的战争。春秋战国时期，盐淮地区既有吴王夫差开凿的邗沟（今淮扬运河）沟通江、淮，又有陆上干道——善道通达南北。所处古淮河中下游地区"交通、灌溉之利甲于全国"。秦汉时期，境内"煮海兴利，穿渠通运"，农业生产条件特别是灌溉条件得到显著改善。东汉末年，广陵太守陈登筑高家堰（今洪泽湖大堤）30里，遏淮河洪水，保护农田，并修破釜塘（今洪泽湖）灌溉农田。与此同时，铁制农具和牛耕也得到推广，故虽经多次战乱，农业生产仍有较大发展。魏晋南北朝时期，长期处于战争和对峙的前沿，"江淮之间，赤地千里"，农业生产遭到严重破坏。隋唐五代时期的环境安定，农业得以持续发展和重新繁荣，特别是大运河的开凿和淮北盐场的建滩，促进了地方经济发展。隋大业年间，自洛阳至扬州的漕运（旧时国家经水道运输粮食）要道——大运河凿成。北宋年间，境内较为太平，漕运、盐运得到进一步发展。政府鼓励垦殖，修复和增建灌溉设施，引进推广"占城稻"。"黄柑紫蟹见江海，红稻白鱼饱儿女"，正是这一时期的生动写照。南宋和金元对峙时期，再遭兵火荼毒。特别是黄河夺淮带来频繁水灾，农业更加萧条。宋元时期，境内农业生产有所发展。明清时期，漕运再兴，但随着黄河再次夺淮，农业衰落，鱼米之乡盛景不再。

总之，盐城和淮安地处亚热带和暖温带之间的过渡气候带，温、光、水、土等自然资源极为丰富，生产条件优越，适宜多种农作物的栽培和动物的饲养。自古以来，该地域盛产优质稻麦、棉花、油料、林木、水果、畜禽、鱼虾、鳖蟹、珍珠等，同时盛产蚕桑，是著名的"鱼米之乡"和全国重要的绿色农副产品生产基地。特别是盐城，地临大海，先民们一直以渔、盐、耕种等为业，"士淳礼让之风，民乐鱼盐之利"，其海盐生产无论是技术，还是产量和质量，在海盐生产历史上都独领风骚。

（三）盐淮地区农耕文化品牌

"淮剧"：中国戏曲天地里一朵根植于苏北里下河地区的地方剧种，本来是农民们农闲时带着比较原始的乐器，如竹板、莲湘等，到乡间农户门前，用民歌小调演唱方式以获施舍粮米或钱物的民间文艺形式，俗称"门谈词"，后经艺人加工成带有浓郁乡土气息的曲调，最早叫"下河调"，经不断演绎又增添了许多新的曲调，后由地方文人编入剧情，渐渐发展成独具地方特色的剧种，因其流传于淮河流域，故称之为"淮剧"。"淮剧"与扬州地区的"扬剧"有异曲同工之妙，唱腔委婉动听，因大多为悲剧，故又凄楚悲凉，经历代艺人不断创作，推陈出新，新中国成立前已形成了"九莲十三英一百零八出"的剧目，"莲"与"英"都是剧中主人公名字，如秦香莲、王玉莲、穆桂英、王秀英等等。

"十番锣鼓"（又称"武昆"）：淮安农耕文化中又一朵奇葩，根植于淮安大地，由民间曲调、宫廷音乐与道家文化融合而成的一种富有地方特色的曲调，经音乐人不断加工，形成了以"唱""奏""敲"三个声部为一体的音乐形式，多以歌颂人们对爱情及美好生活向往的音韵而呈现，已入选国家级非物质文化遗产名录。

"南闸民歌"：源于淮安南闸镇。该镇南邻白马湖，西近大运河，得汲运河文化之魂，大湖水韵之灵，沟渠纵横、河湖较多、鱼虾满塘，多年种植水稻，堪称鱼米之乡。这里的农民、渔民在"面朝黄土背朝天"与"撒网抛笼捕鱼虾"的劳作时，常吟唱民歌以愉情悦性，这些民歌又被称作"秧歌"，经多年的积累和编创，形成了数百首韵律声调独特的民歌，也孕育了许多农民歌手。这些民歌经不断传唱，形成了具有地域特色的民俗文化。"南闸民歌"已入选江苏省非物质文化遗产名录。

"五坝"文化：春秋战国时期吴王夫差为北进中原，从扬州到淮安，开凿了一条运河，古称邗沟，到淮安淮河边处人称"末口"，因淮河大堤阻隔，于是在大坝上设了五个盘货过坝的设施，取名为"仁""义""礼""智""信"，这"五坝"的名字正好是儒家文化的核心。当地人也以拥有"五坝"为荣，并一代一代传承其文化内涵。尽管在明代由漕督陈瑄开山阳渎，建清江浦大闸，导致船只不再盘坝入淮，可由清口直接进入淮河，但是"五坝"遗址和内蕴经久未衰，直到今天，淮安人仍然传承"五坝"文化，崇仁重义，尊礼守信。

其他品牌：在盐淮乡土文化滋润下，不少农民用灵巧的双手，创造了一个个独具地域特色的文化品牌。如淮安农民画、泾口高跷、流均舞狮、平桥舞龙、车桥剪纸和席桥花船等农耕特色文化。这些品牌来自当地农家乡土，在农耕文明宝库中熠熠闪光、代代相传。

（四）盐淮地区体现农耕文明起源的重要遗址

早在五六千年前的新石器时代，黄海之滨，淮河两岸，射阳湖畔，已有盐埠先民在这块狭长的土地上劳动、生息、繁衍，孕育了盐城和淮安地区的远古农耕文明。下面对能反映盐淮地区农耕文明起源的重要遗址简介如下。

青莲岗遗址：距今6000年左右的新石器时代遗址，位于淮安东北35千米的青莲岗，北临废黄河，遗存分布中心在淮河中下游平原。遗址发现红烧土建筑残迹，居住址墙壁是用植物秆涂泥后再经烤干，质地坚硬，表面平整。石器有扁平穿孔石斧、长方石斧、椭圆石斧、石锛及砺石等。陶器种类不多，制作较为粗糙，常见器形有红陶钵、鼎、釜、双鼻小口罐，还有一定数量的深腹圜底罐、碗、支座、带流壶以及角状把陶器。陶器内壁绘彩，主要有水波纹和网纹，还有弧线纹和"八卦"纹等，线条简练流畅，与其他新石器时代文化彩陶相比，风格迥然有别。这类文化现象因首次在青莲岗遗址发现，被命名为"青莲岗文化"。由此，说明了这里是盐淮地区农耕文明形成和发展的基础。

洪泽湖大堤：东汉建安五年（公元200年），广陵太守陈登为抵御淮水东侵，率军民筑高家堰30里，这即是洪泽湖大堤前身。南宋时因战乱，造成黄河夺淮，直到明万历七年（公元1579年），河督潘季顺实行"蓄清刷黄"政策，即将高家堰加高并向南延伸60里，形成洪泽湖大堤。从明万历八年（公元1580年）起，洪泽湖大堤就开始增筑直立条石墙护面，历经明清两代170余年，于清乾隆年间建成，共使用玄武岩条石6万多块，达60万立方米以上，且规格统一，筑工精细，充分展示了我国古代水利建设的高超技艺，有着"水上长城"的美誉。

磨脐墩遗址：位于金湖县西南12.5千米处，是该县影响最大的遗址。遗址平面呈长方形，南北长300米，东西宽150米，文化层普遍深度为3米。遗址延续时间较长，文化内涵丰富。两墩可见红、灰、黑皮陶片，花纹有绳纹、堆纹、几何纹，地表散见红陶罐、灰陶鼎、灰陶钵、夹砂陶鬲、磨制石器、红烧土块等，还发现数十只外表有绳纹的鬲足。

盐城北门汉代遗址：据有关资料和实地勘查，推测为汉代盐渎县故址。遗址面积约16万平方米。1957年在此遗址发现过汉代陶井圈数只，1958年又发现汉代屋基数处。在屋基处距地表1米左右的文化层里，有汉代带孔筒瓦、瓦当等建筑的残件，以及汉代和汉代以前的铜箭镞、陶纺轮、渔网坠、黛板、封泥以及炼渣、红烧土和铁刀、铁戟、铁锛、铁斧、铁鼎、铁锅等生产工具和生活用具。以后，又陆续发现9座汉井，10000余枚汉半两钱和一批陶器。

开庄新石器时代遗址：位于盐城东台市西南隅，西与兴化市交界，南与泰州市姜堰区、海安市接壤。此处属水荡地区，遗址所在圩田与其他田一样处于水荡之中，面积为 28000 多平方米。经挖掘，开庄新石器时代文化遗址距地表 0.7 米，厚约 0.4 米，发现的遗迹有水井、柱洞和灰沟等，遗物有新石器时代的石斧、玉凿、骨镞、陶鼎、陶豆、陶罐、陶盘以及众多的器物标本。出土可以修复的遗物 40 多件，其中陶器 36 件，器物中以陶鼎、陶豆、陶罐、陶盘居多。有一夹砂褐灰色陶器盖，直径达 50 多厘米，盖顶有三个形状独特的抓手。石器有舌状穿孔石斧，玉器有玉凿和玉料，骨镞有两个。根据同一地层上的碳化物进行化学测定，开庄新石器时代遗址距今已有 4500 ～ 4700 年的历史。这一遗址的发掘，让人们领略到淮河流域农耕文明原来就从这里起步，这里的先民用石斧、石锛开凿了里下河的古老农耕文明。

第二节　淮河流域农耕文明的特征

一、农为国本的农耕文明传承

（一）历代农为国本理念在国家治理中的重要性

中国自古以来就是一个以农立国、以农为本的国家。如《汉书·食货志》记载汉武帝下诏曰"方今之务，在于力农"，司马光《温国文正公文集》记有"农夫寒耕热耘，沾体涂足，戴星而作，戴星而息。……农夫蚕妇所食者糠籺而不足，所衣者绨褐而不完。直以世服田亩，不知舍此之外有可生之路"，充分反映了古代对农业的重视。

淮河流域因其良好的农耕生产条件，一直是历朝历代的粮仓和重要的粮食生产基地。该流域原始农业的出现，使当地先祖生活来源有了比较可靠的保证，虽然当时还没有国家的概念，但是却体现了农业的重要性。淮河流域在夏代让"万国臣服"，正是大禹治水，发展农业的结果。商王非常关注农业的发展，包括黍的种植，还亲自巡视戈地农田。周代农田规划有较完整的沟洫系统，且周文化深入淮河流域。春秋战国时期，粮食储备增多，农业生产获得加速发展。秦汉时期铁器和牛耕的进一步推广，加上兴修水利，稻麦生产技术大大进步，产量提高，汉初"与民休息"，人口迅速增加。曹魏西晋时期开展屯田，重视农业发展，促进了国家的统一。自永嘉之乱后，全国陷入大分裂局面，出现十六国、东晋及南北朝对峙局面，农业也遭到严重破坏。隋唐时期非常重视淮河流域农业的兴衰，"天下以江淮为国命"，淮河流域成为全国重要产粮基地，更是唐朝的经济命脉之所在。正因为对农业的重视，历史上才出现了"贞观之治"和"开元盛世"繁荣兴盛的唐朝。汉唐至北宋期间，淮河流域农业的繁荣，导致国家经济和政治中心逐渐从关中地区转移到中原和两淮地区，带来该流域政治和经济地位的上升。元代前期和中期统治者对农业重视，开展屯田以及招民垦荒，淮河流域农业得到很大发展，甚至超过宋朝，但末期战乱及黄河夺淮，农业一片萧条，致使元朝被灭。明代前期，对农业采取了一系列优惠政策和惠民措施，淮河流域农业得到迅速恢复和发展，人口激增，但中叶朝政腐败，并且消极地采取抑河夺淮保运的策略，淮河流域灾难深重，至明朝末期，农民赋役负担加重，淮河流域各地农民反抗斗争不断爆发，流离失所的农民加入起义队伍，致明朝走向崩溃。清初的顺治和康熙时期对淮河流域采取了大规模减免赋税的措施，该流域农业生产不仅得到了恢复，而且取得了很大发展；至清代中叶的乾隆时期，新农作物品种引进，生产力提高，商品性农业繁荣，促进了该流域农业生产进一步发展，这就是史称的"康乾盛世"，其时国力最强，疆域辽阔，社会稳定，经济快速发展，人口迅速增长，是中国古代封建王朝的最后一个盛世。综合上述，农业兴，则国家兴，这也印证了以农为本的农耕文明思想在历朝历代国家治理中的重要作用。

（二）农耕文明思想在当代淮河流域发展中的意义

农业是国民经济的基础，农业稳则天下安。20世纪80年代初在江苏流传有"无工不富，无农不稳，无商不活"三句话，当时淮河流域下游的江苏乡镇企业飞速发展，工业已成为其经济产值主体，但仍强调要"稳"农业，这个"稳"字突显了农业在经济结构中的重要地位。

在淮河流域几千年农耕文明的发展历程中，始终视农业为国家的根本，但新中国成立前碍于生产力的限制，依然逃脱不了靠天吃饭的尴尬。直到20世纪六七十年代，我国还处于粮食短缺的局面，这也让曾担任过美国农业部政策顾问的世界观察研究所所长莱斯特·布朗提出"谁来养活中国人？"。虽然袁隆平和李振声两位院士果断回应"我们中国人可以养活自己"，但是保障粮食安全是我国稳定和发展永恒的主题，粮安天下，农稳社稷。尤其当前国际形势复杂多变，特别是美国前任总统特朗普执政以来，美国等西方少数国家极力遏制中国的发展，淮河流域必须做到安不忘虞、防患未然。从 2004 年至 2022 年，中央一号文件连续 19 年聚焦"三农"问题。党的十八大以来始终把粮食安全作为治国理政的头等大事，提出了"饭碗论""底线论"和"红线论"等观点。十九大报告强调"农业农村农民问题是关系国计民生的根本性问题"。淮河流域作为我国重要的粮食生产基地，必将为国家粮食安全和长治久安做出积极而重要的贡献。

当然，以农为本的农耕文明思想也左右着许多淮河儿女的思想观念，有的农民一辈子都守着那一亩三分地，舍不得离开，更不愿意抛弃。如同费孝通先生在《乡土中国》中所言"直接靠农业来谋生的人是黏着在土地上的"，这种结果也可能导致创新性不足。因此，以农为本的农耕文明思想在新时代应该不断发扬光大，贯彻落实 2022 年中央一号文件精神"加强农耕文化传承保护，推进非物质文化遗产和重要农业文化遗产保护利用"，坚持农业农村优先发展，按照产业兴旺、生态宜居、乡风文明、治理有效、生活富裕的总要求，建立健全城乡融合发展体制机制和政策体系，加快推进农业农村现代化。

二、因需而行的农耕文明理念

马斯洛在《人类动机的理论》（*A Theory of Human Motivation*）中，把人的需要分成由低到高的五个层次，即生理需要、安全需要、社会需要、尊重需要和自我实现需要。首先是生理需要，这是人类维持自身生存的最基本需要，包括衣食住行等要求。如果这些需要得不到满足，人类的生存就成了问题。其次是安全需要，是人类对生存环境稳定性和安全性的需求。虽然马斯洛理论也存在一定局限性，未必完全适合淮河流域情况，但因需而行的农耕文明理念，符合该流域人类需要的一般规律。

（一）因生存需要，抗洪灾，兴修农田水利

历史上，淮河每遇暴雨，必生水患，河水向两岸倒灌，瞬间淹成一片泽国。因此历代统治者都十分重视兴修水利，这里就不一一列举，仅以大禹治水为例。4000 多年前，淮河流域洪水泛滥，淹没了庄稼、山陵和房屋，人民流离失所，受尽了苦难。尧命鲧负责领导与组织治水工作，鲧采取"水来土掩"的策略失败后，由其子禹主持治水重任。禹躬亲劳苦，手执工具，疏通水道，"三过其门而不入"，经过 13 年的治理，消除了洪水泛滥的灾祸，昔日被水淹没的农田变成了粮仓。大禹治水精神也许可以看作因需而行农耕文明理念的开端。但是，从南宋为阻止金兵，到 1938 年蒋介石为阻止日本侵略

者，黄河多次被人为掘开，直奔淮河，导致淮河中下游洪水泛滥，居民苦不堪言。这期间虽曾有治淮举措，却难逃"害河"的命运。新中国成立后，淮河流域通过治理，水系才稳定下来。

（二）因提高生产力需要，生产工具被不断改进

淮河流域原始农业社会使用的农具以石器为主，其次有木竹器、骨角器和蚌器。石斧和石锛一类砍伐工具的应用是当时农耕特点之一，与之并存的是播种用的竹木棒和收获用的石刀和石镰等。春秋战国以后，为了提高农耕的生产效率，铁器（包括犁、锸、铲、镢、镰、锄、锛等）和牛耕逐渐得到使用和推广，且犁耕技术取得不断进步，主要表现在犁被不断改进（图2-1），耕耙也从"二牛三人"发展到"一人驾牛"，这从出土的许多农耕图都能得到证明。

图2-1　汉（左）、唐（中）、宋（右）时期使用的铁犁铧（杜军利　王世琴　摄）

（三）因生活需要，种植加工技术不断进步

淮河流域地区最初主要种植小麦、大豆和粟等，但随着水利工程不断增修以及全国统一，水稻从江淮地区扩展到淮北地区，小麦也在淮河以南地区广泛种植，这从唐宋农业发展史就可以看出。值得一提的是，北宋时期淮河流域汝州鲁山"邑多旷土，连岁枯旱，艰食"，因此从福建引入一种"耐旱、繁实、可久蓄、宜高原"的旱种稻"占城稻"（《杨文公谈苑》）。清代中叶，因救荒需要，淮河流域从美洲引进耐旱高产作物玉米（《霍山县志》记载为"玉芦，一名玉秫秫，俗名玉榴"）和番薯。由于粮食富余，就需要建设粮仓，如河南洛阳城东含嘉仓被考古掘出粮窖259个，河南新密打虎亭汉墓壁画中有仓楼图，江苏高邮邵家沟东汉村落遗址发现储粮地窖，安徽天长有吴王濞太仓等。粮食增多的同时，也带动加工工具的进步，如在河南桐柏和禹州、江苏扬州、安徽寿县和亳州发现有石磨，江苏泗洪重岗汉代农业画像石刻中的粮食加工图上有土砻等等。春秋战国以后，为了满足最基本的衣食需要，除了粮食作物以外，麻、桑、蔬菜、瓜果、药材等经济作物在淮河流域也逐渐被种植和推广。

（四）因改善生活质量需要，发展畜禽养殖

畜禽养殖业是在粮食生产有了一定发展的前提下开始的。早在新石器时代，淮河流域先民就已经掌握了驯养家畜的本领。从考古发掘中发现，饲养的家畜以猪、牛、羊、狗为主，鸡次之。蚌埠双墩遗址发现猪纹刻画，还出土了大量猪骨骼。据《宋会要辑稿》记载，北宋时期羊是饮食中的主要肉食来源。因为羊主要吃草，不需要粮食作为饲料，所以是最早被家养的动物之一。家畜饲养业不仅为淮河流域先民提供肉食来源，改善生活水平，还可以减少对原始农业的依赖，特别是家畜的粪便也为农作物种植提供了重要肥源。考古还发现，早在西周时期先民不仅能人工养殖鱼类，而且还掌握了鱼苗繁殖过程中的管理技术。

（五）因安全需要，选择高台而居

考古发现，淮河流域在新石器时代的早中期，洪涝灾害频发，以渔猎为主的石山孜文化先民只能选择地势高亢或人工堆积而成、高出地面、有防水功能的高台居住。到了新石器时代晚期，淮河流域地理环境波动小，先民才能稳定居住，石山孜文化被大汶口文化和龙山文化取代，并出现佐证淮河流域农耕文明起源的城市，如郑州西山、固镇垓下、登封王城岗、郾城郝家台、临汝煤山、新密古城寨、淮阳平粮台等。为便于防御，这些城址一般仅在南、北面各开设一座城门，城外四周围绕深壕，城内普遍在地势较高处夯筑大型台基，以建造宫殿。

（六）因社会发展需要，募民垦田，迁徙移民

早在曹魏时期，淮河流域就开始募民垦田，至北宋以后，两淮荒地得到大量开垦，使耕者有其田，从而缓解了阶级矛盾，增加了财政收入，巩固了政权。至于向淮河流域移民，据文献记载，汉武帝时就有两次。《史记》记载："东瓯请举国徙中国，乃悉举众来，处江淮之间。"明朝初期，采取了大量移民屯田措施。据《明太祖实录》所载，吴元年（公元 1367 年）"徙苏州富民实濠州"。有关历史资料也证实，明朝大移民最早开始于洪武三年（公元 1370 年）直至永乐十五年（公元 1417 年），近 50 年间移民 18 次。古代移民的初衷主要是巩固对淮河流域的统治和发展地方经济，但也促进了该流域人口繁衍和素质提高，推动了淮河流域农耕文明的发展。新中国成立后，因需而行的农耕文明理念继续影响着国家治淮政策。1991 年、2003 年、2007 年淮

河发生三次特大洪水后，国家对淮河干流行蓄洪区和滩区实施了"退人不退耕"式的居民迁建工程，累计安置49万余人。

（七）因精神文化需要，编写农书和民歌

淮河流域农耕文化是中华农耕文化重要组成部分，也是中国农业文化的基础。自古以来，为了传播农耕知识，淮河流域注重农书编写。例如：《夏小正》《氾胜之书》《齐民要术》《四时纂要》《农桑辑要》《王祯农书》等。在衣食需要解决之后，人们还把农耕文化以歌诀形式传唱开来，如先秦时期"击壤歌"云"日出而作，日入而息，凿井而饮，耕田而食"，另外还有河南"固始灶戏"、河南"信阳民歌"、安徽"凤阳花鼓"、江苏"淮剧"等等。总之，淮河流域几千年的农业发展历史，在创造了丰富物质文明的基础之上，也创造了长盛不衰的农耕精神文明。

三、守土求变的农耕文明实践

农耕文明与游牧文明和工业文明不同。费孝通先生在《乡土中国》提到农业是"直接取资于土地"，"种地的人却搬不动地，长在土里的庄稼行动不得，侍候庄稼的老农也因之像是半身插入了土里"。其实，早在史前时期的淮河流域往往种植后放荒一段时间以恢复地力，从而通过反复迁移聚落以适应农耕生产，这从淮河沿岸遗留下来的许多遗址就可以得到证实。因此，淮河流域人们"守土"是常态，而"求变"是农耕文明实践的结果。

（一）农作物品种选择的守土求变

在新石器时代，淮河流域森林茂密，河道丰富，气候温暖，全年平均温度比现在要高2℃左右，因此当时淮河以北种植水稻，但自西周以后气温下降转冷，水稻种植逐渐减少，到战国时期小麦种植逐渐增多，到北宋时期，因为水利灌溉条件改善，原来以种麦、粟、黍和豆为主的淮北州郡，因地制宜也种上了水稻，这充分说明淮河流域在农作物选择上非常重视时宜、地宜和物宜"三宜"原则。另外，北宋时期淮河流域针对连年干旱和灾荒，引进原产于越南后传入福建的旱稻，明清时期还从国外引进玉米和番薯等救灾作物等等。以上这些事例正是淮河流域农耕文明在守土求变中的实践证明。

淮河流域农作物品种求变的另外一个方面，是人们并不局限于上一年收留的种子，而是开始选育更加优良的种子应用于农业生产。先秦时期《诗经·大雅·生民》有云"种之黄茂，实方实苞，实种实褎，实发实秀，实坚

实好，实颖实栗"，即好的种子应是色泽鲜艳，籽粒饱满，不久吐芽出新苗，禾苗细细往上冒，拔节抽穗又结实，谷粒饱满质量高，禾穗沉沉收成好。西汉氾胜之所著《氾胜之书》专门提到"取麦种，候熟可获，择穗大强者"，表示应选取小麦成熟时大而整齐且健壮穗子留种。魏晋南北朝时期，开创了选种与良种繁育相结合的技术体系，实行单穗选，混合选种，设置留种地等。这些技术在农作物育种中至今仍在应用。

（二）耕作栽培技术的守土求变

早在东晋时期（公元 317 年—420 年），徐州、扬州农民改变过去只种一季的习惯，秋天在干地上种麦（《晋书》），这样即使遇到蝗灾，也可多收一季麦子，这是淮河流域耕作技术的重大变革。到明清时期，淮河流域由两年三熟制发展到一年两熟制，再到一年三熟制（嘉庆《凤台县志》），因此农作物产量大幅度提高。

魏晋南北朝时期，淮河以北地区气候干燥，春夏少雨，蒸发量大，容易干旱，影响播种和作物生长，人们就创立了"耕—耙—耱"旱农土壤耕作技术体系（贾思勰《齐民要术》），较好地缓解了这一矛盾，这一守土求变的农耕文明理念意义十分重大。之后，我国北方基本上都沿用这一精耕细作的耕作体系。该体系从播前整地到播后耕作，以"和土"培肥为目的，第一次提出"浅—深—浅"（秋耕欲深，春夏欲浅）耕作方法，要求"犁欲廉，劳欲再"。播种前测定种子发芽力、清水选种、晒种、浸种催芽等，并确定播种期、播种量和播种方法。播种后保墒抗旱，做到"锄不厌数"和"锄头三寸泽"。广泛采用豆科作物（包括豆科绿肥）参与轮作，开展桑豆混作、菜粮间作、蔬菜套种等。至明清时期，淮河流域轮作、间作和套作应用已十分普遍（光绪《五河县志》、嘉庆《凤台县志》）。

元朝时期，淮河流域推广稻麦水旱轮作困难大，因为稻田长期泡水，土壤黏性重，不利于后茬作物小麦生根，而且还容易受渍害。为了解决这一问题，主动求变，人们就采取开沟起畇（高畦）以排水防涝的方法（王祯《农书》）。

（三）施肥技术的守土求变

农作物生长离不开光照、温度、水分、肥料四大因素，但在古代淮河流域农耕中，前两个因素几乎无法改变，水分虽可利用灌溉改变，但是没有充足的肥料供给仍是枉然。"庄稼一枝花，全靠肥当家""春施千担肥，秋收万担粮"等农谚至今还在口口相传。因此，要想农作物增产增收，唯一能做的就是采取主动求变的态度，创新各种方法施肥和保肥。淮河流域先民尽量把能化作肥料的废弃物收入土壤，参与物质再循环和资源再利用，变无用之物为有用之肥。一般播种前上底肥（又称基肥），播种时下种肥，中耕时追肥。古代用作底肥的往往是粪肥，撒施在土壤并盖严，既增加土壤肥力，又起到保墒作用，还能较长时间供给作物养分。难能可贵的是，先秦时代《诗经·周颂·良耜》中就提到"荼蓼朽止，黍稷茂止"，意思是荼和蓼腐烂变成肥料，大片大片绿油油的黍和稷长势喜人。这说明淮河流域先民早就认识到绿肥与农作物生长的关系，通过栽培绿肥后耕翻入地，沤烂作为肥料，以田养田。另外，在长期的农业生产实践中，淮河流域人们懂得了豆类作物根瘤菌的固氮作用，采取谷豆轮作等方式，固定空气中的游离氮素，培肥地力，改良土壤结构，做到用地养地。虽然20世纪七八十年代淮河流域与我国其他地区一样，开始大量施用化肥，其实这也是守土求变的实践应用，因为化肥养分含量高、肥效快、肥劲猛，在当时粮食产量不高的情况下，对农业持续稳产、增产发挥了重要作用。但是，化肥的过度施用也带来了诸多问题，现在有机肥替代化肥成为主流。近几年，长江和淮河流域再次掀起紫云英作为绿肥的新一轮种植热潮。从农家肥到化肥再到有机肥，这正好反映了淮河流域守土求变农耕文明的实践过程。

（四）植保技术的守土求变

早在两千年前淮河流域就有了"预防为主，综合防治"的植保理念，创制了中耕除草和防治病虫害技术。据战国时期《周礼》记载：古人根据四季来消灭农田杂草，即春季杂草刚萌芽就将其耕翻入土，夏季齐地面割掉杂草，秋季杂草种子未成熟即将其刈割，冬季将杂草根翻出曝晒。据《氾胜之书》记录：贮藏种子的器皿放干艾，可以不生虫；用附子浸谷种，谷子长起后也不生虫。《论衡》提出：冬麦种子，先在烈日下曝晒，再存放于干燥容器后不生虫。《齐民要术》云"取干艾杂藏之，麦一石，艾一把"，可预防小麦种子生虫。元代的王祯《农书》曰"稂莠不除，则禾稼不茂，种苗者不可无锄芸之功也"，强调了除草的重要性，那时的人们还创制了几种轻巧先进的除草农具。总的来看，淮河流域病虫害防治主要采取深耕、除草、灌水、轮种换茬以及利用温湿度变化等措施；同时，结合药物防治，如《周礼》记载有"嘉草攻之""莽草薰之""蜃炭攻之""灰洒毒之""焚牡菊以灰洒之"等方法。生物防治古人多有应用，据《霍山县志》卷十五记载，乾隆五十一年（公元

1786 年），"春，蝗蝻大作，缀树塞途，愈扑愈多，忽天飞黑鹊，地出青蛙，噬之殆尽，二麦成熟"，据《凤阳县志》卷十五记载，"凤阳临淮有鸟，高二尺许，状如秃鹜，飞食蝗，不为灾"。以上经验和做法正是淮河流域守土求变农耕文明实践的智慧结晶，对当今可持续绿色生态农业发展仍然具有重要借鉴作用。

四、适时而动的农耕文明智慧

（一）适时而动的农耕文明思想

古代淮河流域农业受气候影响大，表现出较强的季节性。这里的人民很早就有了"农时"意识，认为从事农业生产要适时而耕，适时而种，适时而获。我国最早的诗集《诗经》云"诞后稷之穑，有相之道"，意思是后稷耕田又种地，辨明土质有法道，即应因地种植适宜品种。夏商周时期，历法应运而生，甚至安排分管农业的官员巡视各地，了解品种适宜生长的土地，指导开展农作物生产。春秋时期《管子·禁藏》认为"举事而不时，力虽尽，其功不成"。战国时期，孟子提出"不违农时，谷不可胜食也"；《荀子·天论》云"天有其时，地有其财，人有其治，夫是之谓能参"，表示如果人能顺应天时，合理利用土地资源，按客观规律办事，就能达到天地万物为人尽职服务的目的。《尚书·舜典》中有一句话"食哉唯时"，即把掌握农时当作解决民食的关键，如《吕氏春秋》所云："圣人不能为时，而能以事适时。事适于时者，其功大。"北魏贾思勰在《齐民要术》中指出"顺天时，量地利，则用力少而成功多，任情返道，劳而无获"，即强调了"因时制宜，因地制宜"的重要农耕文明思想。

（二）适时而动的二十四节气

农作物的萌芽、开花、结实，动物的出现、休眠、迁徙等现象，常常与气候有关。远古时代，淮河流域就通过物候来掌握农时指导农耕生产。如根据草木的荣枯、鸟兽的出没、冰霜的凝消等现象，作为从事农事活动的依据。然而，利用物候报农时虽能比较准确地反映气候的变化，但是往往年无定时，月无定日，同一物候现象在不同地区不同年份出现早晚也不一样，于是继而求助于天象，即依据天象推算历法，之后逐渐形成回归年与朔望月相结合的阴阳合历计时方法，并最终形成二十四节气。其中，每个节气各有其气候特点和雨水状况，然后根据这些特点来安排农耕生产。二十四节气的中心思想就是把握农时，被誉为农耕文明实践的结晶。在长期的农业生产实践中，淮河流域人民根据节气规律创作了许多农事谚语，成为农耕活动中重要的指导，如"惊蛰多栽树，春分犁不闲""清明前后，种瓜点豆""谷雨前，好种棉""寒露蚕豆霜降麦"等。以上这些都充分体现了淮河流域适时而动的农耕文明对"时"的准确把握和巧妙运用。

（三）适时而动农耕文明的意义

自古以来，不违农时就是淮河流域人民心中不可撼动的神圣法则。农耕应按自然规律而动。充分尊重农时才会事半功倍，否则会事与愿违。对"时"的重视，正是适时而动农耕文明重要价值的体现。淮河流域土地肥沃，资源丰富，人口密集，交通便利，是我国重要的粮食生产基地、能源矿产基地和制造业基地，是东部与中部连接的纽带，是南方与北方的过渡区域，在我国经济社会发展全局中占有十分重要的地位。据统计，淮河流域耕地面积约 1.9 亿亩，约占全国耕地面积的 12%，粮食产量占全国总产量的六分之一，提供的商品粮占全国的四分之一，对维护国家粮食安全和实现第二个百年奋斗目标都具有重要的战略意义。

五、禁发结合的农耕文明思想

（一）采取轮种休耕的耕作方式

轮种休耕可以使耕地在一段空隙期里恢复其有机养料，有利于均衡利用土壤养分和防治病、虫、草害，而且能有效改善土壤理化性状，调节土壤肥力，最终达到增产增收的目的。史前时期淮河流域以草原植被为主，森林较少，那时就采用了轮种休耕的做法，这应该是最早禁发结合农耕文明的体现。淮河两岸农耕最初主要采用撂荒耕作制。西周时期实行熟荒农作制后，又出现了休闲农作制。随着铁犁牛耕的广泛使用，施肥技术的不断进步，水利工程的大量兴修，特别是人口增长加剧了人地矛盾，休闲轮荒制逐渐被连作制取代。但有证据表明，即使秦汉时期休耕现象仍很普遍。当时人们发现，同一田地上连续种植相同作物会引起营养元素的片面消耗，致使土壤中养分状况不均衡，易诱发杂草及病虫危害，最终导致作物减产。魏晋南北朝时期，开始探索合理的轮作复种制度。隋唐之后，直到新中国成立之前，淮河流域逐渐形成了以复种轮作为主的耕作制度。其中，粮食作物与绿肥作物轮作应用相当普遍。

总而言之，自古以来淮河流域形成了用地与养地相结合的农耕体系。新时代的耕地轮作休耕制度应根据当前主要社会矛盾和科学技术发展水平，确定相应的制度目标及实施路径。2019 年中央一号文件就提出扩大耕地轮作休耕制度试点，农业农村部和财政部在淮河流域启动了耕地轮作休耕制度试点工作。当然，轮作休耕不能一刀切，应在确保国家粮食安全前提下，试点运行，并审慎推进。

（二）遵循和谐共生的自然法则

史前时期淮河流域基本遵循人与自然和谐共生法则，但是随着人口增多，粮食需求量增大，劳动生产力急需提高，大量山地和荒地被开垦，连作制逐渐取代过去的撂荒耕作制和休闲农作制，自然环境在一定程度上遭到破坏。比如在商代，因为过度开发，出现了环境问题，只能不断迁都，至春秋战国时期，因过度采伐和放牧，问题更加严峻，当时就产生了"天人合一"的思想，形成了人与自然和谐共生的观念。战国《吕氏春秋》提到"夫稼，为之者人也，生之者地也，养之者天也"，并明确反对"竭泽而渔"和"焚薮而田"。唐宋时期生态思想的核心为天地人和，追求天地万物和谐共生。北宋之后直到近代，黄河多次决口夺淮，致使淮河流域生态环境遭到破坏，人与自然的和谐常常被打破，淮河流域农业经历了衰退与恢复的过程。如同《孟子·告子上》所指出："苟得其养，无物不长；苟失其养，无物不消。"意思是如果得到好好的养护，没有东西不能生长；如果失去护养，没有东西不会消亡。又如《孟子·梁惠王上》所云："不违农时，谷不可胜食也；数罟不入洿池，鱼鳖不可胜食也；斧斤以时入山林，材木不可胜用也。"因此，新时代淮河流域必须遵循和谐共生的自然规律，才能更好地传承农耕文明，并永续发展。

（三）崇尚禁发结合的农耕文明思想

作为农耕文明载体的自然环境，养育着人与地球上的其他生物，既为人类提供食物来源，又是生态平衡的保证。禁发结合的农耕文明推崇自然和谐，契合中华文明对于人类修养追求的乐天知命原则。

古代淮河流域的许多思想家都强调环境保护意识，提倡可持续发展观，认为唯有严格执行禁令，才能使大自然呈现生机勃勃的繁荣景象。孔子曰："伐一木，杀一兽，不以其时，非孝也。"管子云："为人君而不能谨守其山林、菹泽、草莱，不可以为天下王。"荀子云："草木荣华滋硕之时则斧斤不入山林，不夭其生，不绝其长也；鼋鼍、鱼鳖、鳅鳝孕别之时，罔罟、毒药不入泽，不夭其生，不绝其长也。"《吕氏春秋》云："竭泽而渔，岂不获得，而明年无鱼；焚薮而田，岂不获得，而明年无兽。"以上思想均表明，"禁"是保护，"发"是利用，如果只"发"不"禁"，将难以再"发"。当然，也不能只"禁"不"发"，否则"禁"就失去了意义，二者必须相辅相成，和谐统一。因此，当时出现了"时禁"。春秋时期《管子·八观》有云："山林虽广，草木虽美，禁发必有时。……江海虽广，池泽虽博，鱼鳖虽多，罔罟必有正。"战国时期《吕氏春秋》提出"四时之禁"："山不敢伐材下木，泽人不敢灰僇，缳网罝罘不敢出于门，罛罟不敢入于渊，泽非舟虞不敢缘名，为害其时也"，孟春之月，"禁止伐木，无覆巢，无杀孩虫胎夭飞鸟，无麛无卵"，季秋之月，"草木黄落，乃伐薪为炭"。其主要观点是春天和夏天"禁"伐木，不能覆巢，不杀小虫，不夭飞鸟，不捕捞，不伐树；秋冬季是"发"的时间，因为这两个季节，草木鸟兽鱼长成，可以伐薪烧炭，捕鱼狩猎，可以为人类补充食物和提供营养。

禁发结合的农耕文明思想旨在建立保护自然环境的长效措施，倡导对淮河流域生态资源的有效保护和有节制的开发，而非掠夺式利用，这符合今天的和谐发展理念。当前，淮河上游源头区域被确定为国家重点生态功能区和大别山区生物多样性保护优先区域，河南、安徽和江苏相关地市都把淮河干流河段纳入禁渔区管理。人与自然是生命共同体，要像保护眼睛一样保护生态环境，像对待生命一样对待生态环境。因此，我们对大自然要有敬畏之心、感恩之心、仁爱之心。未来应坚持禁发结合，秉持生态优先和绿色发展的理念，合理利用淮河资源，使淮河流域为人们提供丰富物质财富的同时，也成为中华农耕文明保护、传承和创新的宝贵的精神之源。

第三章　淮河流域农耕文明的
生存与演进

第一节　淮河流域农耕物质文明的生存与演进

一、淮河流域农耕物质文明——主业

淮河流域是我国远古文明的发祥地之一。在原始社会旧石器时代，远古人类受到自然条件及自身条件限制，一般选择离水源较近的山地向阳坡或者相对比较平坦的丘陵地带居住，依靠采集的方式维持生存。虽然亦可通过狩猎获得食物，但是难度较大，因此采集成为远古人类稳定而又可靠的生产活动。采集所用的生产工具为木棒、石片、刮削器、砍砸器、尖状器等，木棒用于敲打树上的果实，而利用石片、刮削器、砍砸器、尖状器等采掘、切割植物的茎、皮、果实。在这些生产工具中木棒易烂，其余多为石器在淮河流域旧石器遗存中均有发现。

（一）原始农业的生产工具

根据世界各地新石器文化可知，新石器时代主要以原始农业为主，淮河流域的环境条件有利于原始农业的产生和发展。生产力是原始农业发展的重要影响因素，而生产工具则是反映生产力水平的重要标志，淮河流域的新石器时代遗址中发现了较多的农业生产工具。目前发现的新石器遗址包括裴李岗文化、北辛文化、侯家寨文化、石山孜文化等遗址，以上文化遗址遗存的生产工具主要有石斧、石锛、石镰、石磨盘、石磨棒等。在旧石器时代已出

现了斧形器,但在新石器时代有的石斧加装了手柄,便于砍伐树木,利于进行火耕农业。

由于种植业不断发展,粮食产量不断增长,人类的饮食发生了明显的变化,人类由吃原粮改为吃熟食,因此促成了粮食加工工具的产生,用于粮食加工的工具主要包括石磨盘、石磨棒。早期新石器文化遗址几乎均出土了石磨盘、石磨棒,新郑裴李岗遗址是最早发现石磨盘和石磨棒的新石器时代遗址,共发现石磨盘40多件,石磨盘长50~60厘米,高5~6厘米,石磨棒为圆柱形,由于长期使用,中部呈三角形或扁圆形。原始的石磨盘、石磨棒就是现代石磨盘、石碾的始祖。淮河流域新石器时代生产工具种类较多,反映该地区原始农业较发达,已经进入了锄耕农业阶段。

大汶口文化时期的农业已经比较发达,生产工具种类较多,功能齐全,能满足砍伐、耕种、收割及谷物加工等各项农事操作,表明此时原始农业已进入锄耕农业阶段。该时期的农业生产工具主要有石斧、石铲、石刀、石锄、石镰、陶刀等,还有一些木质工具和骨质工具,这些工具制作精致,采用了穿孔技术。穿孔技术是大汶口文化时期石制工具的重要特色,穿孔是为石制工具装柄绑把,在进行农事操作时便于用力,大大提高了工作效率。

(二)夏商西周时期的生产工具

考古发现夏代的生产工具有穿孔石制农具和石镞等狩猎工具,还有部分骨制工具,如骨锥、骨凿、骨针、纺轮、网坠等,说明采集、渔猎在农业中占有重要的地位。原始农业得到了一定的发展,已经出现铜器铸造技术,促进了后期铜制农业生产工具的出现。在商代遗址中,农业生产工具除了有石制农具、骨制工具以外,还有部分铜制生产工具,如铜镞、铜削、铜鱼钩、铜铲、铜镰、铜锛等。在西周末期和春秋初期,农业生产工具仍然以木制工具和石制工具为主,还有部分铜制工具。考古专家在江苏连云港华盖山发掘出青铜斧、铜凿;在江淮之间江苏仪征破山口出土了铜镰、铜铲;在河南平顶山市滍阳镇出土了铜镬。在长江流域和黄河流域出土西周时期的青铜农具较多,由于淮河流域位于两大流域过渡带,因此当时青铜农具在淮河流域也较常见。同时,西周时期淮河流域的青铜冶铸技术发展较快,主要因为淮河流域处于长江铜矿带和西周王朝的中间地带,并且流域内治铜技术比较发达,在曲阜鲁国故城的北部和西北部发现有西周时期的冶铜遗址。

(三)春秋战国时期的生产工具

春秋时期,铁器和农耕技术在淮河流域逐渐被使用并推广,这说明淮河流域农业生产处于发展阶段,春秋后期在淮河流域处于主导地位的楚国和吴国的冶铁技术逐渐发展起来,因此淮河流域的农民也开始使用铁器。在安徽和江苏已出土了该时期较高水平的锻铁和铸铁。春秋晚期,楚国已经具备生铁和钢的生产技术,因此铁器在淮河流域逐渐推广。战国时期,楚国已经占领了淮河流域大部分区域,淮河流域成了楚国的政治重心,因此促进了淮河流域的经济和农业的发展。此时铁器的使用较为普遍,尤其是铁质农具使用比较广泛。安徽灵璧县出土了战国时期的2件铁犁铧,犁铧呈"V"字形,前锐后阔,外侧为刃,锐端起脊,已形成后世犁铧的基本形态;寿县朱家集曾出土铁铲、铁镢;河南也出土了该时期的铁叉、铁镢。该时期的农业生产工具还包括锄、斧、镰、削、犁等铁质农具。同时在该时期牛耕也得到进一步推广,尤其淮北地区应用更为普遍。

(四)秦汉时期的生产工具

秦汉时期,淮河流域铁器已得到全面推广,基本取代了木石工具。1959年,考古专家在安徽寿县安丰塘越水坝汉代闸坝工程遗址发掘了大量生产工具,其中铁器占据了90%以上;另外,1956年淮南市田家庵黑泥乡出土汉代铁锄和铁镰各2件,1991年滁州市天长三角圩古墓群等淮河流域多地出土了大量铁器。该时期的农业生产工具主要有铁锄、铁犁、铁锤、铁锯、铁凿、铁炉、铁镰、铁鱼叉等,说明铁器已成为淮河流域最常用的工具。此时,淮河流域的犁耕技术也取得了很大进步。

西汉时期,耦犁"二牛三人"技术得到推广,即两牛拉犁,一人牵牛,一人扶犁,一人压辕控制犁地的深度,这种犁耕技术也称为"二牛抬杠"。与西汉时期相比,东汉时期淮河流域的犁耕技术有了更大进步。江苏泗洪重岗画像石刻中的牛耕图,已经转变为"二牛二人":前面一人双手向后拉牛绳,牛绳系于牛鼻,中间二牛并排拉犁,后面一人扶犁,同时扬鞭驱牛。睢宁双沟画像石刻农耕图中则变为"二牛一人",即并排的二牛中间增加了两条辔,农夫手拉牛辔,牵动穿牛鼻的牛环来控制牛耕地。当时,睢宁双沟犁在淮河流域已被部分农民使用。泗洪重岗犁的犁梢和犁床是用两根木料采用榫卯相连,能够根据犁耕的需要准确调节犁梢和犁床之间的夹角,从而提高耕地效率,因而逐渐在淮河流域得到普遍推广。西汉时期开始使用犁壁,东汉时期已普及至淮河流域,从画像石刻上的泗洪重岗犁、睢宁双沟犁等可以发现当时已使用大型铁犁铧,且均装有犁壁,使用犁壁后,可以自动将犁过的土翻入先前已犁的沟内,方便精耕。犁壁的使用也是犁耕技术的重大进步。

（五）唐宋元明清时期的生产工具

唐朝时期是农业生产工具发展的巅峰时期，熟铁钢刃的农具得到广泛使用，农业加工工具也得到普及。耕种农具开始系列化，出现了曲辕犁等代表性的发明创造，并普遍应用。当时淮河流域所用耕犁已经使用"嫠刀"装置，并用于开辟荒地。"嫠刀"的出现，避免了耕犁受损，延长了犁壁和犁铧的寿命。宋朝各种农业生产工具在唐朝的基础上进一步改良并发展成熟。

元明清时期，生产工具种类基本上完全继承了唐宋时期，新制造的农具不是很成熟，只能应用于小型耕作，不能被广泛应用。

二、淮河流域农耕物质文明——副业

（一）家庭养殖业

1. 原始社会家庭养殖

原始农业与家畜饲养密切相关，渔猎是家畜饲养业的前身，由渔猎发展到家畜饲养，是人类认识自然、改造自然的过程。在渔猎过程中，人类发现动物生长发育的过程，经过人为驯养，不断繁殖，将野生动物驯养为家畜。由此，家畜饲养作为原始农业的一部分，促进了原始农业的发展。

2. 新石器时代家庭养殖

新石器时代先民们已经能够驯养家畜。将野生动物驯养为家畜需要长期的探索，因此成功驯养野生动物并使其不断繁殖，在当时具有非常重要的意义。原始家畜饲养为人类提供了稳定的肉食来源，改善了人类的生活水平，同时家畜粪便也是农业生产中重要的肥源。考古发现当时淮河流域的家畜和家禽主要有猪、狗、牛、羊、鸡等。蚌埠双墩遗址发现有生动逼真的猪纹刻画，这些猪的神态憨厚温顺，身体的大部分与家猪相似，但是猪的吻部稍长，仍然残留有野猪的一些特征；还有一孕猪刻画，体态肥硕，腹部接近地面，外表已无野猪的特征。

3. 大汶口时期家庭养殖

大汶口文化时期，淮河流域家畜饲养业已十分发达。在刘林遗址中，出土 170 件猪牙床、30 件牛牙床、12 件狗牙床、8 件羊牙床。在刘林遗址和大敦子遗址早期的墓葬中发现有狗、猪随葬现象，同时还出土了许多与猪相关的雕塑艺术品。此时期，淮河流域遗址中出土的猪骨骼较多，在其他地方比较少见，说明淮河流域在新石器时代家猪饲养业进入繁盛时期。当时淮河流域先民们家畜饲养以养猪为主，同时饲养部分家禽，这是淮河流域家畜饲养的重要特征。从墓中出土的猪骨骼的有无及多少可看出墓主人之间的贫富差距，说明当时家畜饲养业在淮河流域社会生产中具有非常重要的地位。

4. 商代及秦汉时期家庭养殖

在商代，淮河流域的放牧和家庭饲养仍然占据非常重要的地位。淮河流域的遗址中发现猪骨骼比较多，牛、鹿、马、羊、狗的骨骼也时有出土。战国时期，由于农业得到了进一步发展，家畜饲养业的地位有所下降。秦汉时期，放牧和家庭饲养有了更大发展。如《汉书·田广明传》记载，当时淮阳有专门负责畜牧的官员，《金石索》《十钟山房印举》《汉印文字征》等书中有提到主管牧马机构的"马丞"的有关文字，所涉及的地方有睢陵（今江苏睢宁），各郡国的养马机构有"鲁厩丞"等，这些涉及设置负责畜牧官员的地方均分布在淮河流域，说明当时淮河流域由官员直接负责管理畜牧行业。那时，淮河流域的地主普遍拥有独立的牧群，而家畜饲养以家猪为主。

5. 宋元明清时期家庭养殖

北宋时期，淮河流域的畜牧业得到了一定发展。淮河流域的养马业有民营和官营之分，官营牧马业设有牧马监管理，牧马监共有19所，当时淮河流域有京西的管城监、开封府的中牟淳泽监等。另外驴、骡、牛、羊的饲养也分民营和官营，京师附近养驴业比较发达。由于当时的交通运输以驴运为主，康定元年（公元1040年）政府在京东、京西、开封等地购买民间驴，运送粮草。牛主要用于耕犁农田，是主要的农业生产工具，是田耕的主要畜力。养羊业也相当发达。羊是北宋时期民间饮食的主要肉类。北宋时期一位御厨每年需要使用1.4头羊，多时可达10头。淮河流域水源丰富，有利于渔业的发展，如拥有众多陂泽的京师开封城西、京西南部的颍州等。对于颍州欧阳修曾赞誉道："物产益佳，巨蟹鲜虾，肥鱼香稻，不异江湖之富。"

元代及明清时期，淮河流域桑树种植面积逐渐扩大，推动了养蚕业的发展，比如淮河上游的郏县和汝州每年生丝上缴赋税占比较大。在此期间，随着淮河治理逐渐规范，淮河流域的水产养殖业也得到一定恢复和发展。

（二）手工副业

1. 原始社会时期手工业

（1）原始石器制造业。原始手工业主要制造生产工具、生活用具及艺术品等。新石器时代淮河流域的手工业主要是制石、制玉、制陶。制石以制造农业生产工具和生活用品为主，制石业是当时淮河流域最重要的手工业之一，淮河流域先民们已普遍掌握了石器磨制技术，主要利用砺石磨制石器，在北辛文化、裴李岗文化等遗址中均有砺石工具，而且有使用的痕迹，部分砺石有很深的磨槽，这是长期使用的结果。当时制造的石器比较粗糙，能够满足初期锄耕农业的需要。磨制的工具主要有石斧、石锛，也有少量的石矛、石纺轮、石网坠等渔猎工具。到了新石器时代中晚期，石器的制作技术大大提高，种类也有所增加，出现了石铲、石刀、石犁、石镞，而且普遍采用了钻孔装柄的技术，提高了农业生产效率。制造石器首先依据石器的种类和用途选材，一般选择硬度较大的石英岩、玄武岩等制造石锛、石凿，而硬度较小的变质岩、页岩则用来制作石刀、石镞。石器制作要经过选料、裁割、砍削、成型、砥磨、钻孔、雕镂、抛光等一系列工序。

（2）原始制玉业。原始制玉业主要是制作一些玉器，原始社会初期以制作小型玉器为主，如玉璜等小型玉制装饰品。在大汶口文化时期出现了大量玉器，主要包括琮、瑗、环、镯、管、珠、坠和锥形器，还有少量的璧和钺。玉琮为短筒形，分上下两节，外表一般为人面、兽面纹饰，玉琮形管外方内圆，分为上中下三节。龙山文化时期发现了扁平穿孔玉铲、三牙璧及鸟形、鸟头形玉饰等玉器，以上玉器制作精致、造型优美，说明当时淮河流域先民的制玉工艺精湛，技艺高超，已经具备了碾磨、切割、勾线阴刻、阴线浮雕、钻孔、抛光等多种琢磨技术。

（3）原始制陶业。制陶业主要生产各种炊具、汲水的容器和少量生产工具，如鼎、釜、盆、钵、碗等。陶器的制作是人类历史上使用火将一种形式物质转化为另一种形式物质的创造性活动。裴李岗文化、北辛文化及石山孜文化遗存时期的陶器，烧制温度一般较低，陶质疏松，器形较简单。早期的陶器多为手制，以红陶为主，采用泥条盘筑和泥条分段衔接的方法，小型陶器直接用手捏制而成，在捏制过程中会留有指纹，因此制作的器形不规整，陶器制成后器表再经过磨光处理。原始社会晚期以轮制为主。轮制法是将泥料放在陶轮上，借助陶轮快速转动的力量，通过提拉的方式使陶器逐渐成形，轮制法的使用代表着制陶工艺的进步。这一时期的陶器器形规整、厚薄均匀，陶色以灰黑色为主。由于掌握了封窑技术，窑室温度增高，当陶器烧制温度高达1000摄氏度，致使陶胎中所含铁元素还原，因而烧制成了灰色陶器。黑陶是烧制技术又一进步的体现，是在陶器烧制后期用烟熏渗碳的结果。大汶口文化中晚期，出现了薄胎、质地细腻的白陶。白陶是由一种新发现的坩子土，经1200摄氏度左右的窑温烧制而成，白陶器皿色泽明丽，有黄、白、粉等多种颜色。龙山文化时期，快轮制陶技术已经广泛普及，该技术生产的陶器为漆黑光亮的泥质黑陶器，目前各地出土该时期的黑陶在造型、风格、质量方面较为相似，说明当时各地的黑陶技术得到了交流。在裴李岗文化遗址发现了烧制陶器的陶窑，为横穴窑。在大汶口文化及龙山文化时期流行竖穴窑，陶窑的发展是制陶工艺水平进步的重要标志。

2. 战国时期手工业

（1）新兴的冶铁业。淮河流域的冶铁业兴起于春秋后期，至战国时已经发展起来。冶铁作坊用"橐"鼓风以提高炉温，不仅能生产生铁和熟铁，而且还掌握了脱碳钢等炼钢技术，不少地方成为产铁基地。在郑韩故城（今河南省新郑市）东城内西南部发现的冶铁遗址面积约4万平方米。出土的残熔炉底部直径达1.7米，已利用很厚的耐火砖，在当时可能用于熔铁或淬火。同时发现有鼓风管，说明当那时已拥有良好的鼓风技术。还发现有熔范窑和大量的陶范。范用细砂泥烧制，范面涂一层经澄滤过的细泥，既起到面料的作用又具备涂料的功能，是制范工艺的重大改进。此外还有石范出土。通过对出土铸件分析得知，此时已能在铸铁的基础上进行退火脱碳柔化处理，使之成为脱碳钢，以供给市场制造器具。

（2）铜器冶铸业的新成就。战国时期冶铜业取得了新成就。铸铜作坊在多处被发现。比如，1972年在安徽亳县（今亳州市）北关发现战国时期铸铜作坊遗址，出土大量陶范和坩埚残片。青铜器在淮河流域各地发现很多，并且精品迭见，新的器形不断出现。各地出土铜器不胜枚举，仅安徽蔡家岗蔡声侯墓出土铜器就达百余件，信阳长台关楚墓出土更多。寿县朱家集（今属长丰）楚王墓仅1933年一次被盗器物便达4000多件，在现存700多件器物中以青铜器居多。铜器中有鼎四种，另有簠、壶、尊缶、缶、敦、俎、豆、盘、鉴、勺、量、箕、炉盘等，还有兵器、生产工具之类。其中珍贵铜器比比皆是，有铭之器便达30余件，铭有楚王名者8件。该时期，铜器铸造技术大为进步，不仅采用浑铸与分铸、大焊与小焊，还发展了镶嵌技术，而且普遍使用金银错这样的尖端技艺。

（3）纺织业继续发展。战国时期淮河流域桑、麻等纺织原料的生产进一步发展。《史记·货殖列传》云"邹、鲁滨洙、泗，犹有周公遗风……颇有桑麻之业，无林泽之饶，地小人众"，"淮北、常山已南，河济之间千树萩；陈、夏千亩漆；齐、鲁千亩桑麻"，说明诸如淮北的洙泗流域、沂水流域、齐鲁之间等都成为著名的桑、麻生产地。成书于战国时期的《尚书·禹贡》说：兖州"厥贡漆丝，厥篚织文"（锦衣之属）；徐州"厥篚玄纤缟"（细的黑、白色丝织品）；扬州"厥篚织贝"（织有贝纹的丝织品）；豫州"厥贡漆枲缔纻，厥篚纤纩"（纤细锦）。兖、豫二州都包括淮河流域一部分，徐州属淮河流域，扬州包括淮南地区，说明淮河流域各地都从事蚕丝等纺织原料及丝织品生产。纺织生产不仅十分普遍，而且技术水平很高，品种很多。

（4）精湛的髹漆工艺。淮河流域的漆器生产主要受楚文化的影响，兴起于春秋时期，至战国时期发展尤为迅速。战国早期漆器的木胎还较厚，往往在精雕的木器上髹以彩漆；中期以后，木胎趋于精巧，往往用薄木卷曲成胎，或者外贴麻布，当时漆器器形繁多，有杯、盘、奁、盒、笾、樽、弓、耳杯、剑鞘、棺等，一般于器表髹黑漆，器内髹红漆为底色，再施以云鸟、几何纹、狩猎等美丽的彩绘，不少出土的漆器至今色彩鲜丽。有的边缘还镶以金边或铜边，称金器或铜器。舒城秦家桥战国墓出土漆器16件，有樽、奁、盒、耳杯、梳、奁等，还有木桶和竹笥等，漆器花纹美丽，工艺水平颇高，其中漆耳杯、漆盒等体现了精湛的技艺。

（5）玉石及原始青瓷的制作。根据有关文献分析，当时的江淮地区产玉，玉器制作非常精美。安徽长丰县杨公楚墓发掘出土大量玉器。其中2号墓即出土璧、璜、佩、管、圭等玉器50多件，实属罕见，8、9号墓亦出土玉器较多，器形还有瓶形饰、环、三角形片饰、条形饰、管形饰等。这些玉器雕工熟练、想象丰富、构图巧妙、奇异多姿。其中璜、佩的整体造型尤为新颖，运用透雕和浮雕的手法把龙凤的种种形态表现得栩栩如生。

陶器的制作继续保持较高的水平。1974年在安徽淮南谢家集红卫轮窑厂战国墓出土一件原始施釉青瓷，胎质坚硬呈灰白色，通高23厘米，底径及口径分别为17.6厘米、20.4厘米，最大腹径35厘米。近耳处的口边饰五组涡纹，口、腹施釉不及底，保存完好，造型美观，是一件不可多得的原始青瓷器。

3. 秦汉时期手工业

（1）冶铁业的突出成就。西汉时期政府设置铁官共49处，其中在淮河流域设置12处，临近淮河上游的宛（今河南南阳市）也设有铁官，当地铁器冶铸业非常发达，说明淮河流域的铁官分布较为密集，铁器生产非常普遍。1949年在铁官设置地发现多处汉代铁器冶铸作坊，大部分属于西汉时期。在江苏徐州利国驿发现汉代铁矿开采竖井、坑道、露天工场各一处，冶铁炉残迹两处。河南郑州古荥镇冶铁遗址面积约12万平方米，发掘出两座冶铁炉炉基，炉为竖炉，横截面呈椭圆形，炉基主要用黄土夯筑而成。这种竖炉有效地扩大了炉缸的容积，增加了冶铁的容量，提高了冶炼的效率，是汉代冶铁工匠的一项重要创造。

（2）漆器制作业发达。秦汉时期，淮河流域部分地区是漆器的生产基地，漆器制作业发达，漆器价值贵重。当时淮河流域的漆器制作在制胎、髹漆、造型、纹饰等方面均具备较高的工艺水平。各地发现秦汉时期的漆器数量较多。如 1975 年在安徽天长县（今天长市）安乐乡出土陶器、铜器、漆器共300 余件，其中漆器最为珍贵，色彩亮丽，造型非常巧妙，闪亮的黑漆中显现出朱色花纹和金银贴花的动物图案，构图奇异，线条流畅，细如毫丝。当时金箔贴花的平脱技术是汉代漆器制作工艺的首创。西汉中后期出土漆器最多。如江苏盐城三羊墩、徐州小龟山等地多次发现大量精美漆器。漆器所用纹饰比西汉前期生动、复杂，广泛使用几何形纹和变形云纹，边框常用连续的三角形或菱形纹装饰，通常以禽兽、神怪、人物、乐舞等题材的画面为主题。新中国成立以来，在扬州发现的漆器非常多，例如邗江七里甸、江都凤凰河等出土了成批的汉代漆器。扬州地区出土的漆器，色调丰富，线条细腻，特色鲜明。其中奁、卮、盒类漆器的盖顶，盛行银平脱柿蒂纹、变形纹和三叶纹，通常在叶间以珠玉作为装饰；也有的平脱器器身周围用金箔、银箔贴成人物、禽兽、山水、流云等复杂而华美的图案。东汉时期淮河流域发现漆器较少，可能与当时的砖室墓内室环境不易于保存漆器有关。

（3）陶瓷制作技术的成熟。在东汉时期瓷器制作技术已趋于成熟，此时的釉陶制作技术得到了进一步的发展。在安徽固镇县濠城镇垓下遗址发现汉代色泽如新的釉陶鼎、壶、瓶及仓、灶、楼模型等。1960 年安徽合肥市出土刻花釉陶壶，属低温釉陶，外部饰以水波纹、斜方格纹、蕉叶纹等，胎呈灰红色，质坚硬，铅釉，施至中腹，灰青色，此壶通体造型匀称，刻工精细，是东汉时期釉陶佳品。淮河流域也发现很多东汉时期瓷器，如 1974 年在安徽亳州南部元宝坑东汉末年曹操宗族墓中，出土了大量青瓷器。这批瓷器釉色光亮，质地清纯，是青瓷制作技术臻于成熟的表现。

（4）铜器冶铸业的发展。秦汉时期由于铁器、陶器的快速发展，加之东汉时期瓷器的兴盛，致使秦汉时期的铜器制造业受到排挤而趋于衰败。此时铜主要用于铸币和制作铜镜，当时吴王刘濞在淮河流域下游拥有铜山，开采铜矿制钱，这是后期吴王成为"吴楚七国之乱"祸首的主要原因之一。1955年在陕西西安市发现用于铸钱的优质铜材，来自今安徽阜南县，说明那时江淮一带是西汉政府铸钱所需铜材的主要来源地。至于秦汉时的钱币，在各地多有发现。在安徽固镇县濠城镇垓下遗址发现了汉代青铜鼎、盒、壶、灯、镜等，还出土有秦半两钱、汉五铢钱、新莽布币等铜钱。江苏徐州市北洞山汉墓出土钱币五万余枚，在安徽界首、萧县等地发现了钱币和钱范。淮河流域多地出土有汉代铜镜。如1986年在安徽凤台县汉墓中发现铜镜一件，1985年在定远县侯家庄汉墓出土精致美丽的星云镜，1976年安徽阜阳王店公社九里大队前郭庄出土"新兴辟雍"镜，为新莽时器物，通体端庄秀丽，铸造精良，呈色晃目，实为珍品。这类铜镜不仅是生活用品，也是精美的工艺品。当时的铜镜制作技术在一定程度上反映了青铜冶铸和加工技术水平。据分析，铜镜的合金成分包括铜、锡、铅，合金成分有利于映像的显现。铜镜的抛光技术是铜镜制作技术的重要环节。《淮南子·修务训》记载了铜镜抛光技术，这种先进的抛光技术在我国一直沿用到近代。虽然这一时期的铜器制作技术呈现衰败趋势，但是由于淮河流域处于长江流域铜矿区过渡带，故淮河流域的铜器制作在当时仍独具光彩。

（5）纺织业的发展。汉代时期淮河流域盛产桑麻，蚕桑生产已经遍及淮河流域各地。《陈留风俗传》云"襄邑有黼黻藻锦"，襄邑即今河南睢县，襄邑之锦供给朝廷，非常华贵，闻名天下。当时"襄邑锦"成为传统名产。淮河流域出土秦汉时期的画像石刻普遍有"纺织图"或"织机图"，综合画像石刻及相关资料来看，当时的丝织过程主要包括缫丝、纺纱、络纬、牵经、织布等程序。在纺织技术方面，山东临沂金雀山汉墓帛画上绘有单锭纺车，与《淮南子·氾论训》所记载的旋动纺锤纺线相比，已经有较大进步，单锭纺车近代还在农村广泛使用。山东滕州龙阳镇发现了两块纺织画像石，从纺织画像石上可看出其纺织程序为：摇纬—络丝—织布。另一块画像石上有纺车和织机，墙上挂着丝团，有人立于纺车旁递丝团。而江苏铜山洪楼纺织画像石刻中，有人调丝，有人纺纱，有人织布，反映了传统的纺织程序：调丝—纺纱—织布。从出土的画像石纺织图中还可明显看出，当时所用大部分织机都是经面与水平机架呈现五六十度角的斜织机，比平放式织机效率高，纺织者不用席地而坐，织品也更加整洁干净，也便于纺织者随时观察经面。东汉画像石刻中的斜织机已增加了脚踏板，两脚踏动踏板，带动综片一升一降不断形成梭口，两手穿梭和打筘，从而提高了生产效率。在西方，脚踏式织机直到13世纪才得到广泛使用，说明我国汉代淮河流域的纺织业已非常发达。各地画像石刻纺织图主要表现了民间地主庄园的纺织技术水平，由些推断当时官营大型纺织作坊的织机和纺织技术更为先进。据《西京杂记》记载，汉昭帝时，钜鹿（今河北平乡）陈宝光妻发明了结构复杂的提花机，因此在东汉时期，淮河流域朝廷直接管辖的大型纺织作坊已经使用提花机，不过当时民间的家庭式纺织还是相对落后。

4. 隋唐五代手工业

（1）造船业的进步与发展。隋唐五代时期，随着淮河流域水运网络的形成，当地的经济交流也活跃起来，水运非常兴盛，由于经济的发展对不同种类的舟船需求量激增，促进了淮河流域造船业的发展。隋代时期淮阴是当时著名的造船基地，直接归属国家管控，而且专门建置了水军，今山东省胶州市就是隋代的海军基地。大运河浚通后，隋炀帝为南下巡视，下令"造龙舟及杂船数万（艘）"。当时的造船业极为发达。唐代时期，唐太宗举兵讨伐高丽，也曾下令造大型战船数百艘。尤其唐代中期，扬子（今江苏仪征）造船厂发展起来，成为封建国家重要的造船基地之一，建造各类船只，前后造船达 2000 艘。唐代后期，政治昏暗，造船方面也弊端丛生，造船质量下降，官营造船业渐渐萎靡。五代时期，吴与南唐相继割据于江淮地区，濒长江，临淮河，北抗中原，十分重视水军训练，不断建造各种船只战舰供应军队。特别是沿淮上下与北境相接，水军布防严密，需要战舰数量很大，因而刺激了江淮境内造船业的不断发展。后周时期，周世宗不满足与南唐隔水对峙的局面，蓄志统一，疏水道，造战舰，建水军，陆续建造了大批军用舟船，刺激了淮北地区造船业的迅猛发展。这一时期，淮河流域造船业得到进一步发展，淮上官造、民造船只如梭如织。

（2）纺织业的兴盛与发展。唐代时期，淮河流域纺织业得到了进一步的发展，其时纺织品主要包括丝绸和麻葛，以丝绸为主。代表性的产品有绢，许州、陈州、沛州、宋州、亳州、徐州、宿州、曹州、兖州等地以产绢著称。绫和锦的种类也很多，河南府的文绫，蔡州的云花绫、龟甲绫、双距绫等，徐州的双丝绫，泗州的锦，扬州的蕃客袍锦、被锦，以上纺织品皆名扬全国。麻葛类的纺织产品，花色精良，著名品种有徐州的布，泗州的货布，楚州的货布和纻布，光州的葛布，申州的货布和纻布。

（3）陶瓷业的普遍发展。瓷器发展至隋唐时期已是广泛使用的生活必需品，从宫廷至民间均有不同层次的瓷器。瓷器产品的代表产地为河南安阳窑和位于淮河流域的安徽淮南寿州窑，主要以烧制青瓷为主，青瓷烧制技术起始于南方，隋代在淮河流域烧制逐渐发展成熟。在淮河流域发现的青瓷窑址位于安徽淮南和山东泗水、曲阜、宁阳等地。隋代淮河流域尚未有烧制白瓷的窑址发现，但是墓葬中出土的白瓷非常普遍。

唐代淮河流域的瓷器制作手工业处于繁盛时期，品质也得到了进一步提升。当时白瓷烧制比较普遍，如安徽省内有萧县窑，河南省内有密县窑、鹤壁集窑、登封窑等，山东省内多地发现了窑址。

（4）淮盐的开发。淮河流域东部临海区域是重要的产盐地，这里有丰富的海盐资源，盐民通过烧煮海水，将其沉淀为盐，产量很大。早在西汉时期，吴王刘濞都广陵，召集天下亡命之徒，煮海水为盐。直至隋唐五代时期淮河流域仍然是重要的海盐基地，当地的人们以煮盐为业，所产海盐既满足了淮河流域的需求，也运至全国各地销售。那时扬州和楚州是淮盐产量最大的区域。隋代初期盐业开始兴盛，隋文帝革除了"盐池盐井，皆禁百姓采用"（《隋书·食货志》）的禁令，开放盐池盐井，允许百姓享用，也允许百姓自行煮盐。唐代时期，前期一直延续隋文帝的盐政，鼓励盐区制盐，产盐销盐并不征税，盐价较低。东晋和南北朝时期盐城的盐业已相当发达，直至唐代又得到了进一步发展。另外煮制海盐需要专门的制作技术，不宜含水过多，也不可干晒过久，否则直接影响海盐产量。当时政府非常重视海盐制造，为了提高盐户煮盐的技术，组织盐户学习，最终提高了海盐的产量和品质，所产海盐销售至全国各地，称之为淮盐。

（5）采矿与冶铸业的发展。在采矿和冶铸方面，淮河流域有很多官办的矿冶，私营的矿冶也非常发达。由于唐朝官方承认了民间私采的合法性，因此两淮地区民间矿业的开采与冶铸逐渐兴盛起来。汝州鲁山县尧山产银，沂州和颍阳主产紫石和钟乳石。当时扬州铜矿的冶炼及铜器加工技术水平高超，制造的青铜镜十分精美，用于上贡给朝廷。除此之外，扬州的金银器制造技术也非常高，被列为主要贡品。濠州和兖州出产云母，在当时也得到了开采。沂州承县的铁矿也得到了开采，徐州在铁器加工制作方面很有名气。

（6）编制与车辆制造业。隋唐时代淮河流域已有箪席出现，龙须草席已在全国各地皆有制作，曾有诗句"八尺龙须方锦褥，已凉天气未寒时"，说明晚唐时期，生活习惯于下垫草席，上盖锦被。两淮地区的许州（现许昌市）生产蔺心席，扬州生产殿额莞席（即今朴席），都是当时作为贡品上贡给朝廷的精品。隋唐时期淮河流域水陆交通发达，不仅造船业发展较快，而且车辆制造业更盛，由于商业兴盛，特别是国家漕粮运输中对车辆需求量较大，因而刺激了车辆制造业的发展。

5. 北宋时期手工业

（1）矿山开采与冶铸业。随着整个社会经济的发展，北宋的坑冶在官府垄断的前提下取得较大进展，生产规模和产量都远超前代。其中，淮河流域的铜、铁、银、铅矿的开采和冶炼取得了非常大的进展。徐州早在汉代就设铁官开采，铁矿开采与冶炼业历史悠久，在北宋时期已成为重要的冶炼中心之一。徐州利国监，在宋代初期规模不大。庆历年间，仅有八冶，且工艺落后，严重阻碍了铁业的发展，后期改进了冶炼技术与冶炼设备后，工作量有所减轻，效率却提高了一倍。在神宗元丰年间，利国监已发展至三十六冶，利国监还承担一定量铜的冶炼。据记载，徐州利国监每年铜的冶炼数额达30万斤，说明铜冶炼数量之大。利国监冶铁，原本用木炭作燃料，后随着煤矿的开采，改用煤炭，冶铁的效率和质量都有了较大提高。淮河流域的金属铸造业存在不同形式，包括官营、民营作坊两种。官营作坊主要垄断兵器制造以及铜、铁钱的制造。民营作坊则面向民间市场，多铸造农具、日常器具等生产资料和生活用品。

（2）陶瓷制造业。北宋时期，陶瓷制品已广泛应用于生活中，陶瓷的需求量增加。淮河流域内瓷窑数量众多，分布广泛，也有国内顶尖名窑。当时出现了史书上记载的定、汝、官、哥、钧五大名窑，其中汝窑、钧窑、官窑均分布在淮河流域，其烧瓷技术得到快速提高，取得了很多突出成就。北宋时期的瓷器外形美观大方，色彩丰富多样，实用性也令人满意。该时期淮河流域的瓷窑分为官窑和民窑。多数官窑由官府直接经营，是官府重要的手工业之一，还有一种官窑是官府派人到民窑监制，再挑选上等瓷器上贡。民窑则是民间烧制瓷器，供给民间百姓所用。汝窑是宋朝官窑之一。根据考古资料发现，该窑址位于今河南省宝丰县大营镇清凉寺内。宋代宝丰属于汝州，故称汝窑，汝窑不是官府直接经营的官窑，但是官府会派人监制，所烧瓷器由官府挑选之后，剩下的次货方可出卖，因此民间流传甚少。汝窑瓷器，外形规整，釉色淡青，里外满釉，上贡瓷器中，多和玛瑙于釉中共同烧制而成。汁水莹厚，凝结器的上部状似蜡泪堆脂，汁中棕眼露出蟹爪或鱼子纹、冰裂、芝麻花等。故宫博物院中藏有北宋汝窑所产的弦文炉，堪称汝窑作品的标准品。汝窑瓷品流传至今不到百件，有"宋时瓷器，以汝州为第一"，北宋五大名窑"以汝窑为魁"的说法。钧窑位于现在的河南禹州市内，是宋代著名的瓷窑之一，当时禹州市境内有夏禹钧天台，金朝改名为金州，其地窑场很多，均称为钧窑。宋代时期刘家门窑和钧窑质量最好，刘家门窑属于民窑，钧窑则属于官窑，所烧瓷器专供北宋后期宫廷使用。窑变是钧窑烧制技术最突出的成就。窑变是指在窑烧后釉色由于理化作用而呈现玫瑰紫、海棠红等色斑。

窑变是瓷器史上的一个突破与创造，历史上曾有"黄金有价钧无价"的说法。官窑又名汴京官窑，由北宋时期京师自置烧造，专门为宫廷烧制瓷器，所用原料多采自钧州和陈留等地，官窑瓷器的胎骨有白、灰、红等色，器薄如纸，釉内显有冰裂、蟹爪、梅花等纹片。

（3）纺织、印染、刺绣业。北宋时期，纺织、印染、刺绣是淮河流域重要的手工业，民营和官营的纺织、印染、刺绣业均得到了较快的发展。当时官营纺织业在开封绫锦院，官营织锦。宋太宗端拱元年（公元 988 年）时，已汇集各地织工多达一千人，宋真宗咸平年间有锦绮机 400 张，说明当时的纺织业规模很大，当时从事纺织业的多为女工。官营印染业京城内设有西内染院，下设东、西二染院，西染院专门掌管染丝、帛、条、线、绳等物品，而东染院掌管受染之物，专门供给西染院所用。此处还有官营的文绣院，掌管刺绣。其时，丝织技术得到很大的提高，淮河流域丝织名品众多，多数上贡或者由官府收购入库，在市场上也很抢手，在全国丝织品手工业中占有重要地位。

（4）造船业。淮河流域水道纵横，运河网密布，漕运经济繁盛，进一步促进了运河造船业的发展。淮河流域造船业中心主要分布在当时的泗州、楚州、开封、盱眙，多数供应运河漕运需求。开封在宋代初期有一定的造船规模，当时宋太祖致力于统一南方，在京师设置造船务，造船供水军所用，因此开封有当时世界上较为先进的船坞和船舶修造业。

（5）印刷业和文具制造业。淮河流域的印刷业历经隋唐五代的长期积累，至宋时已成为一种重要的新兴手工业。其发展有三个显著特点：一是分布广泛，流域的大中城市如东京（今河南开封）、徐州、扬州、濠州（今安徽凤阳临淮关）、寿州（今安徽寿县）、高邮等皆有；二是类型齐全，寺院刻、官刻、坊刻、私刻并存；三是印刷规模大、技术水平高，尤以东京最为发达，是全国四大印刷业中心之一。北宋时，淮河流域的文具制造业，除造纸业不甚发达以外，制笔、制墨、造砚业都得到了长足发展。制笔业，以京师开封、京东地区为盛。制墨业，主要分布于京师及京东西部地区。制砚业主要在宿州、寿春紫金山、蔡州、唐州方城山较繁盛。

（6）制盐、酿酒等食品业。淮河流域制盐业主要集中于淮南路的楚、泰、海三州以及涟水军。淮河流域临海地区自古即有设场煮盐的传统。北宋仁宗天圣年间，政府在楚州（今江苏淮安市）设 7 场，泰州（今江苏泰州市）设 8 场，海州（今江苏连云港市西南）设 2 场，涟水军（今江苏涟水县北）设 1 场。淮东地区的盐业资源极为丰富，盐产量居全国之首，是北宋政府的重要财政来源。

关于酿酒业，淮河流域各地皆有分布，其中以东京开封府界及京东、京西地区最为发达。朱弁《曲洧旧闻》卷七列出了北宋天下名酒203种，其中开封府28种，京东21种，京西22种，三京6种，四辅3种，淮南4种。

磨茶业主要分布于京师泸河岸边。南方的茶叶（包括淮南六州13场的茶叶），运至京师后，有部分茶经过水磨加工，制成末茶，然后出售及转运西北沿边交易。

磨麦业亦以京师较发达。北宋初，市师置水磨务，"掌水硙，磨麦以供尚食及内外之用"（《宋史·职官五》），东务在永顺坊，西务在嘉庆坊。在郑州设有水磨3务，磨麦上供。私营磨麦业，多以人力、畜力推磨，称"步磨"。

制饼业是东京食品加工业中较为重要的一个行业，当时规模很大。

6. 元代手工业

元代时期淮河流域手工业的经营有官营和民营两种形式，且同时并存。官府经营的手工业主要包括军械制造业、制盐业、矿冶业。民营手工业的特点是规模小、种类全、门类多，在市场上起主要作用。元朝的手工业主要体现在纺织、陶瓷、矿冶、制盐等行业上。

淮河流域的丝织业以汴梁、邳州、安丰、定陶、宝应等地较为发达。据《马可·波罗游记》，宝应州"织金锦丝绢，种类多而且美"，汴梁"有丝甚饶，以织极美金锦及种种绸绢"，尤其是邳州"产丝甚饶"。随着苎麻的推广种植，麻织业迅速成为淮河流域的新副业。

矿冶业以官府经营为主，在钧州、徐州等地设有专门的机构，管理矿业的开采和冶炼，年产铁100余万斤。淮河以北还有银矿，以汴梁、汝宁、安丰等地的生产量较大。

造盐业由政府垄断经营，盐税是当时政府的主要经济来源。元朝在全国设有9个管理盐业的官府机构，即盐运司，其中淮河流域盐运司的生产量最大，上缴的盐税最多。《元史·郝彬传》中描述，"国家经费，盐利居十之八，而两淮盐独当天下之半"，可见淮河流域造盐业是当时政府的经济命脉。

陶瓷业继续发展，其中汝窑和钧窑生产量较大，汝窑瓷器多为红釉，天下闻名。而钧窑迅速发展，在元代时期超过汝窑。钧窑生产的瓷器"钧红"为紫红色，无比娇艳如同红玫瑰，色彩艳丽，霞光四射。

7. 明代手工业

（1）棉、麻、丝纺织业。明代初年在政府经济政策的鼓励下，淮河流域棉、麻、丝的产量提高很多。到明代中期，流域内的棉花产量进入全国前列，伴随着产量的提高，到明代中后期，该流域的棉花纺织业快速崛起，生产的棉布以物美价廉而占领市场。同样，流域内麻和丝的产量也有很大提高，当地很多农民以此谋取生计而过上幸福的生活，"男耕女织"成为当地农村的真实写照。

（2）矿业。淮河流域的金银铜铁锡等金属矿藏和煤炭、磁石等非金属矿藏丰富，对这些矿藏的开采和冶炼规模逐渐增加，特别是明朝把白银作为市场交易的主要货币后，因需求量急剧增加，加速了当地对银矿的开采。由于这些矿藏的冶炼需要燃料，从而促进了煤炭开采业的发展。随着人们对煤炭作用认识的不断积累，淮河流域的煤炭开采业迅速兴起，开采兴盛，到明代时期煤炭已成为农民生活中的主要燃料之一。

（3）盐茶酒等食品业。制盐业：淮河下游的淮安和扬州地区制盐业快速发展，所产的盐质量较高，加上水路交通非常便利，所以全国各地的盐商纷纷聚集淮安和扬州，使两地非常繁盛，成为"聚四方之民"的大都会。制盐业继续成为流域内的经济命脉，特别是在流域下游临海地区。制茶业：明代时期淮河流域的制茶业已经形成规模优势，各种名茶不断涌现，淮河上中游交界处的大别山是主要的产茶区，以罗山、英山、六安闻名全国，六安之茶以霍山最为有名，茶叶产量大、质量优，不仅成为皇室的贡品，而且吸引着各地客商。每逢采茶时节，来自全国各地的富商云集霍山，人马络绎不绝，歌声充满山谷，集市上百货林列，交易频繁，使这里的茶叶和其他商业贸易昌盛。酿酒业：属淮河流域古老的行业，明朝时期流域内特别是淮安和扬州的酿酒业得到了更大发展。在传统粮食酿造白酒的基础上，出现用各种水果、药材等酿造的酒，如柿酒、西瓜酒、枣酒、豆酒、苦蒿酒、金橘酒、五加皮酒、腊黄酒、雪酒等十多种，酒香四溢，名扬天下。

8. 清代手工业

（1）棉纺织业。清代时，淮河中下游的棉纺织业在前期的基础上继续发展，而淮河上游的棉纺织业较落后。在清政府的扶持下，淮河上游地区棉花的种植面积迅速扩大，棉花产量提高，促进了棉纺织业快速发展。在乾隆时期，淮河上游的正阳县棉纺织业达到了极盛局面。在棉纺织业繁荣发展的同时，纺织机械也得到了改进。如在淮安，纺棉纱机有手车和脚车两种。织布机不仅技术先进，而且便于操作，"机上布经，不限长短"，工作效率非常高。

（2）煤矿开采业。清代前期，淮河中下游地区的皖北和山东地区的煤炭开采业已全面展开。清代中叶,淮河流域自上游河南至下游山东和江苏,煤炭开采业发展非常快,而且规模也不断扩大。在淮河上游河南密县,煤炭开采业已成为当地人民主要的谋生手段之一。在淮河中游的安徽地区,沿淮两岸是煤层很厚的富矿区,怀远、凤台和宿州的煤炭开采历史较为悠久。在淮河下游的山东地区,尤其是鲁西南地区,煤炭开采业十分繁荣。宁阳、滕县、泗水、费县、峄县、兰山、蒙阴等地,均有煤矿可以开采,其中以峄县境内煤矿最多。

(3)造船业和制盐业。造船业和制盐业是淮河流域传统的手工业。清代官营造船厂逐渐衰落,刺激了淮河流域民间造船业的发展,淮安、扬州等地的民间造船业迅速崛起。特别是康熙时期为满足驿运的需要,政府将驿运船只交由民间船厂制造,致使淮河流域民间造船业的规模相当庞大。制盐业是淮河流域滨海地区的重要手工业之一,所产的淮盐因质量优良而行销远近。据统计,淮盐的产量从顺治到乾隆时期增长最快,年产量达6亿斤以上,可见清代淮河流域的制盐业非常发达。

(4)酿酒业和榨油业。清代前期到中期,淮河流域酿酒业和榨油业的发展在历史上达到高峰。因为清代农业生产的发展,进一步提高了粮食的产量,为酿酒业发展打下了坚实的基础。江苏淮安的金盘露酒、苦蒿酒、五香药酒、珍珠酒、五加皮酒和扬州江都的雪酒,在产量和销售方面均处于旺盛时期,逐渐成为当时的名酒。山东区域的酿酒业呈现后来居上趋势。河南的酿酒业也非常发达,河南酒曲的制造业也比较繁荣,当时二麦曲的产量大,销路广。随着淮河流域油料作物种植面积扩大,产量不断提高,当地的榨油业进入快速发展时期,很多地区出现了雇工经营的榨油专业作坊,生产的油销往全国各地,成为淮河流域人民主要的谋生手段之一。位于淮河流域下游的淮安府清河县,当地不少居民以酿酒、榨油为主业。当时花生种植面积非常大,以花生为原料的榨油业也逐渐兴起。另外,河南鹿邑县普遍种植芝麻,该地所榨芝麻油远销全国各地。

(5)农具制造业、编织业和民间工艺品制作业。清代前中期,淮河流域农器制造和农具编织得到发展,所制造和编织的产品除满足本地需要外,同时与周边地区进行交易,少数地区开始以制造和编织农器具为主业。淮河流域的低洼地和湖泊港汊地区盛产芦苇、蜡柳等植物,当地人在政府支持下,因地制宜,开始发展日用品编制。乾嘉时期,怀远县利用当地盛产的蒲芦编织筐和席。位于淮河下游的淮安府山阳县的居民编苇作箔,织芦为藩,以其为业。当时的济宁州广泛种植乌桕树、白蜡条和杞柳,"乌桕脂可为烛,白蜡多取为农器，原贩邻邑。杞柳以条为箕斗、椤栲之类，通行四方"。当时淮河流域的农具制造和编织业已渐渐形成了自身的特色。

三、淮河流域农耕物质文明——乡村集市贸易和物资流通

（一）明代乡村集市贸易和物资流通

随着淮河流域经济不断繁荣发展，明代淮河流域的农村集市贸易日益活跃起来。农村集、店、市、镇数量越来越多，交易规模也逐渐扩大，这是明代农村集市贸易发展的一个显著特点。在淮河上游河南地区，农村集市贸易非常繁荣，商城县的金家寨市"通舟楫，物货交集，一巨市也"。在柘城县的关厢集，由于贸易规模的不断扩大，原本"间日一集"的方式已无法满足市场发展的需要，至正德五年（公元1510年）被迫"易为常市"。在固始县，农村集市数量多达37个。在明代前期淮河中游地区社会经济普遍恢复和发展的前提下，农村集市成为贸易的中心和货物的集散地。在安徽太和县北八里的旧县集，由于居民稠密，南北商贾舟车辏集，被称为"太和第一镇市"。当时寿州正阳镇泄水环绕，北流入淮，舟楫商贩，往来不绝，成为寿州的大镇。在宿州，由于水陆交通条件的优越，集市数量大增，在州治的东西南北关均有集市，而且在农村7个乡的集市数量多达67个。在淮河下游地区，淮安府的农村集市贸易在纵横交错的水陆交通和社会经济发展的带动下，得到了迅猛发展，不仅集市数量激增，而且专业性集市开始大规模发展，仅仅山阳一县即有鱼市、柴市、菜市、猪市和牛羊市等专业性集市5个。邳州有布市、米市、竹竿市、杂货市、板木市、鱼市、猪市等专业性集市10个。据记载，以上区域很多市集都是"商贾往来，络绎不绝"。

（二）清代乡村集市贸易和物资流通

清代淮河流域的乡村集市贸易遍布各地，交易相当活跃，成为当地重要的商品调配交换中心，部分集市已经成为富商的云集之地。集、店、市、镇，多层次、多结构的乡村集市贸易体系已经在淮河流域形成，淮河流域的农村市场步入了一个新的发展阶段。

集、店是淮河流域乡村集市的主要场所，"集者，积也，其为货财之所聚集；店者，殿也，其为商贾之所占"。这些集、店大都有固定的集期，有的隔日一集，有的三日一集，"月有常期，逢期则一聚会也"。沈丘县即为隔日集，该县有34个集店，遍布城乡，每逢集期，城乡各地，乃至远方客商，纷纷云

集交易，贸易十分繁荣。安徽霍邱"舟车之集，商贾所凑，以叶家集为最，三流集、河口集次之。三河尖为淮水所经，上通颍、亳，下达江、湖，稻、米、菽、麦贩粜皆出于此"（清同治《霍邱县志》）。

市、镇也是清代重要的商业中心，与集、店相比，市、镇无论是规模还是集期，都大大超过集、店，市、镇一般每日皆有集。清代淮河流域的市、镇极为发达，其中尤以河南开封祥符的朱仙镇最为发达，是淮河流域和全国各地商品转运的网络中心。朱仙镇建置于北宋，在明代逐渐兴起，康乾时代达到极盛期。朱仙镇位于开封府，贾鲁河穿镇而过，由于拥有得天独厚的地理优势，使其成为全国水陆货物转运中心，享有"天下四大镇"之一的美誉。在淮河下游的清河县，下辖的 15 个镇也形成了强大的商品营运网络。因为淮河流域地域辽阔，各地自然条件和经济基础差异较大，因此流域各地区之间的乡村集市贸易规模与水平并不完全一致，在一些经济欠发达地区，商品交易的品种少，而且集市规模也极为狭小。

四、淮河流域农耕物质文明——物质生活

（一）膳食

淮河流域居民的日常饮食主要以面食为主，通常把自家种植的蔬菜作为辅料，在古时候通常为一日三餐，两稀一干。以安徽为例，淮河流域地区饮食比较简单，早餐一般食用杂面糊或红芋汤、粥，中午主食为干杂加豆杂面条汤，晚餐以山芋面疙瘩汤为主。随着社会的发展，基本饮食结构没有很大改变，但是饮食内容变化较大，现在早晚为稀粥加干馍，中午多以米饭为主。苏北地区居民日常以小麦、杂粮为主，主要有馒头、馄饨、煎饼、饺子等。徐州以南的居民饮食以稻米为主，杂粮较少，以米饭和稀饭为主，部分地区为两饭一粥，有的地区则是两粥一饭，喜食水产鱼类和时蔬鲜菜。鲁南及鲁西南地区，位于丘陵山地，由于土地贫瘠，农业生产条件差，旧时人们饮食清淡粗糙，丰收年间多以玉米、地瓜等杂粮为主食，灾荒年间多以野菜掺杂粮为主食。贫穷的家庭，过年也难得吃到细粮；富裕的家庭多以玉米面煎饼或窝头为主。当时最好的饭食为双合面馒头或双合面煎饼。如今当地的农民生活水平有了很大的提高，多以小麦、玉米和稻米为主食。

（二）着装

旧时，淮河流域居民的着装基本仿照当时江南的着装，同时比较注重简

约，年龄未达六十岁的居民，一般不穿皮质衣物。淮河以北的居民以布质衣物为主，着绸者为少数，由于淮北地区农业生产条件差，淮北的民众对服饰要求不高，小农服饰则完全为布质衣物，夏季以夏布为主，冬季着棉衣，一袭而已，日以章身，夜以覆体。旧时着装的样式较单一，男女服装有大襟和对襟两种，大襟有长、短之分，大襟为长衫，对襟为短褂。根据季节冷暖变化，又有单、夹、棉之分。着装质地在贫富之间差距悬殊，穷人着装为手工织成土粗布，色彩多为白、蓝、清、灰、红等，富人则着绫罗绸缎，质优色艳，公职人员、商人多穿着机织平布。

（三）出行

淮河流域的交通路线是中原、淮扬、江南、湖广之间商业运输的重要通道。淮河流域交通变迁的趋势为：淮河水路航线自上游向下游移动，航程缩减；清末以后，传统的驿路转变为新式的铁路、公路、陆路，交通优势上升。

（四）居住

过去，淮河两岸人们居住在草顶土墙的平房里，对房屋的外观排场要求不高，只注重房屋的坚固，在房屋上也没有雕梁画栋的装饰，"居室不论崇卑，唯务坚固，无雕镂垩黝"。建造房屋时，一般大门朝南，大门三尺三寸宽。沿河湖水之地多选择高地，或者先筑高台，再在高台上建造房屋。房屋上通常在屋后刻有"泰山石敢当"，也有的镶嵌小镜子在门头上。旧时，还存在部分船居者，多数是以渔猎为生的人家，用于居住的船一般分为前舱、中舱、后舱，通常按辈分、已婚、未婚等分舱而居。淮河流域的山东居民以土木结构的平房为主，不同地区的建筑风格和建筑材料有较大差异，沿湖沿河的房屋以台代院，一般不设院墙，台用夯土筑成，四面坡上均留有排水道，且遍植树木。台上建房成为台房，院则称为院台。房屋一般有草房、瓦房和平顶房等建筑风格。

第二节 淮河流域农耕精神文明的生存与演进

一、淮河流域农耕精神文明——节日风俗

（一）春节

1. 腊八饭

腊八一般指腊八节，即每年农历腊月初八。旧时，淮河流域一般家庭在

腊八后开始置办年货，称为"吃过腊八饭，就把年来办"。吃腊八饭的习俗，传说来自明朝皇帝朱元璋小时候在安徽凤阳放牛，偶尔饥饿难忍，捉鼠充饥时，很幸运竟然从洞中挖出了大米、玉米、豆子等，于是便熬粥充饥，他做皇帝后依然食用这种粥，且赐名"腊八粥"。该风俗在全国范围普遍流行。

2. 祭灶

在古时城郊，祭灶的风俗习惯比较兴盛。祭灶时，虔诚之家会设置案台，在其上焚香，同时会在桌上摆出各种贡品，人们祈福的目的因家境贫富而有所差异，富裕家庭祈求长命富贵，而劳苦大众祈求温饱平安，以此风俗聊以自慰。祭灶前，街头常有大米熬制的"糖瓜"，居民买回家放于碗中，用沸水焐化，再拌入炒面，擀薄后卷成长条，切成小方块，便做成了酥脆香甜的面糖，人们称之为"祭灶糖"。

3. 蒸馒头

农历腊月二十六日后，城郊的普通家庭主妇便忙着发面蒸馒头。有时在馒头中间夹有红枣或菜馅儿，用笆斗盛满，全家可以食用至正月十五，有些大馒头会留至二月二才吃完，新年开始通常不做饭，吃年前蒸的馒头，寓意为"家有存粮，小麦见黄"。城区中的居民蒸馒头也是为了"家有存粮"图吉利，同时也可在春节期间少动烟火，尽情玩乐。

4. 躲债、收节账

古时，乡村贫困人家由于拖欠地主和富裕人家的债务，过年前经常外出躲债，直到贴上新的门神才敢回家过年，因此人们称为"过年如过关"。在春节前，城区的商行店铺对外往来的账务，凡是赊账或拖欠的债务，均务必了清。

5. 除夕团圆吃年夜饭

除夕晚上，全家人一起吃年夜饭，在饭前先祭拜祖宗，年夜饭中，有鱼寓意为"年年有余"，有鸡寓意为"吉利"，有豆腐寓意"有福"。有时年夜饭要吃过午夜，表示合家团聚辞旧迎新。饭后，家庭主妇在灶前焚香接"灶神爷"。晚辈向长辈叩头"辞岁"，未成年子女可获得"压岁钱"。除夕夜一般不熄灯，寓意为"长命灯"。堂屋内全家人围着火盆聊天守岁，此风俗延续至今。"文革"期间，祭祖和接"灶神"等风俗有所淡化甚至消失。进入20世纪80年代后，一般家庭除夕之夜都会观看春节联欢晚会等电视节目，在欢笑中守岁，子夜时刻燃放鞭炮，迎接新春。

（二）元宵节（灯节）

从正月十三开始，进入灯节。在这之前，凡家中有新出嫁的姑娘，父母或兄嫂都会买"麒麟送子灯"送给姑娘，叫作"交灯"。正月十三叫"上灯"，这天晚上，家家吃汤圆，晚饭过后，小孩子都出去玩灯，商家店铺也都会张灯结彩。正月十五称为"正灯"，也称为"元宵节"。元宵节是灯节的高潮，又是过年期间的第二大节日，因此有的地方又称为"小年"。这一天，部分地方会举办灯会，有舞龙灯、挑花担、荡湖船、踩高跷等民间游艺。元宵节吃完晚饭，人们会到外面去看灯会，整个灯节期间以正月十五晚上的灯会为最盛。以扬州为例，20世纪80年代以来市区会组织灯展，不少农民进城看灯。封建社会时，每逢正月十五，农民会扎草把放在庄稼地里，而后燃放鞭炮，叫作"炸麻蝗"，寓意为吓走庄稼地里的害虫，消除病害，主要为了祈求庄稼丰收，此习俗现在已经消失不见。正月十八叫"落灯"，这天晚上，家家吃面条，过了正月十八，灯节就结束了。

（三）清明节

清明节是民间祭祀祖先的日子。旧时，同族人多要集中到宗祠，焚香烧纸，祭祀祖先，各家各户都会在中饭前先在家祭祖，饭后再到各自的祖坟地，为先人包坟、换"坟帽子"、烧大钱、焚锡箔，向先人跪拜。现在宗族集中祭祖的活动基本不存在了，但是各家各户上坟祭扫的活动依然延续。清明节这天，农村家家都要在门前挂上柳条，有些妇女还要在头上戴上柳枝、柳叶。这天早上，家家都要吃烧饼，有的烧饼用嫩柳叶和着做，民间说法是"吃了不生灾"。

（四）端午节

端午时节，孩子要穿"老虎头"鞋，褂子也是用带有虎、蛇、蚌、蜈蚣等图案的花布制作，同时胸前佩戴老虎等动物形状的香荷包，香包内装有香草，或者会用丝线系在脖子上，或者佩戴无色丝线之类，表示祛除"灾魔"。有的用丝线编织小网兜盛装咸鸭蛋，佩戴于胸前。家里人用雄黄酒为孩子擦耳朵、鼻、手脚心、肚脐，主要为了祛瘟解毒，寓意为"安度炎暑，不染疫病"。在端午节时，在淮河上有竞龙舟活动，历史上竞龙舟风气颇盛。民国前期年景盛时，城区商店全日或半日放假，会让学徒去淮河边观看竞龙舟。百余家粮行的小船上面插有三角小红旗，红旗上写着自己粮行的字号，老板会携带家人盛装出席，向有往来关系的粮船贺节，同时观看竞龙舟。一般市民也会雇小船流动观看。有时，河中有龙舟数十条，竞舟者多为盐粮食驳运船工。在端午节期间，岸边桅杆林立，河心龙舟相竞，上百条小船穿插其间，河面拥挤。城里的人全部拥至岸边，围成人墙，水上红旗招展，岸边锣鼓喧天，呼应喝彩。龙舟竞渡者颇为壮观，每条龙舟上，各有一排年轻汉子，头扎红巾，身穿彩服，手摇木浆，劈波斩浪，就像离弦之箭向前猛冲，锣鼓声、号子声及岸上观众的喝彩声响彻数里之外。

现今，端午节早餐一般家家都吃粽子、咸鸭蛋。孩子们还要在颈部、手腕和脚腕上扎百索子（彩线），还要用百索子编成网兜，装上咸鸭蛋，再用百索子套在脖子上。孩子们戴百索子有的一直戴到六月初六，俗称"六月六，百索子甩上屋"。这一天，妇女还有戴石榴花和艾叶之俗，为了应时和辟邪。端午节早晨，多数人家在门头插上菖蒲和艾条，也有人会在这天用艾草烟熏室内，以禁蚊蝇，集镇浴室还提供放有菖蒲、艾叶等药草的"百草汤"，供人们沐浴消灾。部分人家也会用雄黄酒涂抹耳、鼻、肚脐，在孩子的额头上涂写"王"字，以预防蚊虫、蜈蚣等毒虫的叮咬。

二、淮河流域农耕精神文明——婚丧嫁娶

（一）婚俗

淮河流域地方旧式婚俗包括定亲和迎娶两个环节。定亲时要合八字，要有四大红媒以及下水礼。城郊人家不论贫富，均重视男女属相和生辰八字相合。城郊富裕人家，订婚需要4个媒人，男女双方各请2人。喜庆前3天，男家需要给女家准备好彩礼，蚌埠人称作"水礼"，寓意"长流水不断头"，该风俗一直延续至今。迎娶时分"等婚"和"领婚"。"等婚"是由男方发轿接新娘上门成亲，多数人家都用此俗。"领婚"时，新郎要租上两顶轿子，一顶花轿、一顶小轿，因为有喜轿发出后不许空的风俗，要有人压轿，新郎官到女家时乘花轿，新郎的小弟弟或晚辈做"跑郎官"坐小轿，回来时新娘坐花轿，新郎坐小轿，跑郎官回来路上跟着轿子走。但是，发轿前新郎要拜轿，叩头后轿子才能抬走。此外，城里新娘多在3日后回门，也有的在3天或6天时由娘家来人探望新人，9天或12天时接新娘回到娘家。旧时淮河船民婚俗更为繁琐和复杂。淮河船家居住船上，与陆地城乡人家相比，有较多相异之处。淮上船民严格遵守封建礼教，严从"父母之命，媒妁之言"。自由恋爱被视为"先勾后嫁"，是被人瞧不起、抬不起头来的。结婚当天，男方船在上水，女方船在下水。早晨，男方去接亲，由媒人做男方全权代表。新娘上船

后第一件事是挑盖头，第二件事是拜天地。3 天后回门，娘家即来兄弟接，新夫妻离船时先给婆家长辈磕头，称为"开拜"，然后带着礼品回娘家。

（二）丧俗

1. 土葬习俗

（1）穿寿衣。土葬一般大操大办，否则丧主会被人指责为不孝，有人为办丧事而卖房卖地，甚至倾家荡产在所不惜。穿寿衣以宽大便穿为宜，一般用冬装，但是忌讳穿皮袄、皮靴。因为按照世俗转世推论，穿皮衣恐怕会变为兽类。旧时，男服仿照清代官服；女服则必有山河地理裙，主要是为了生者看来美观，据说穿此裙入阴间可不迷路途。20 世纪 30 年代后，男性也有改着中山装和礼帽的。贫穷之家虽用随身衣服，但也要买"一把抄"的圆筒帽戴上，以尽孝心。

（2）置寿材。旧时，市民以寿材质地好坏评议丧主子孙是否孝顺，棺材店老板也着眼于此，注重寿材的外形美观，油漆明亮，以取得好价钱。市郊乡民选择寿材偏向于使用杉木材，而且要选择结疤材，认为结疤材在地下更耐腐蚀。城里人则喜用江西产的"莲花筒子"，以为是从江河放排而来，更能经得住地下潮气腐蚀。出殡抬棺，用白杠把头，配饰主要以凤尾棺罩最为气派。棺材放置时，如遇下雨打雷，要在棺材上放犁铧，用作镇邪器物。

（3）做七、放焰口。信佛教的丧家，为救度亡者超越苦难，多请僧、尼诵经拜忏做佛事。一般富裕人家"点主"（一种仪式，即请人用朱砂笔往牌位上原来写的"王"字上加一点，使"王"字成为"主"字）后即出殡，而富豪之家则以死者去世之日起计算，在七七四十九天内，逢七倍数之日都要做佛事，诵经超度亡魂。放焰口（一种佛教仪式）花费较大，一般富豪丧家只是在出殡前一天请一台或两台，有时也由丧主女婿送一台，每当诵经超度时，香烟缭绕，灯烛辉煌，经台连接，笙笛并奏，路人纷纷驻足观看，此种丧礼之繁琐，开销奢侈，迷信之荒谬，当时的有识之士认为不足取。

（4）偷物讨寿。死者如果为高寿者，老丧变喜，丧家出殡前招待吊唁客人通常要故意多准备些碗、筷、匙，让客人悄悄拿走一两件，给小孩使用。根据民间传说，这样可以"免灾"，也有祝小孩长命百岁的寓意，这种习俗主要是图个吉利。但许多丧家自死者去世之日摆七天的"流水宴"，出殡前还要大操大办，花费较大，一般富裕人家也消受不起，因此有"死人不吃饭，家产去一半"的说法，这实为一种陋习。

（5）出丧。出丧的前一天晚上，吹奏各种乐曲，有的还唱小戏。出丧当天棺材临出前，先在家祭奠，送丧人要绕行棺材一周，表示绝别之情。出丧时，棺材前有两面幡，长孙抬红幡，所有孝子一人拿一根哭丧棒，扶棺而行，棺材后面为其他的送丧亲属。棺材一般用八个人抬，称为"抬重"，还用两人各扛一板凳，一路吹吹打打、哭哭啼啼发丧，沿途不断散发"买路钱"（草纸打成铜钱眼做成）。途中，一些亲友还要设香案路祭。此时，棺材要停下来受祭，祭毕，供品由在场的人抢食。棺材上路后，家里人将停尸时铺放的稻草、破被、褥单及旧衣等物，堆到送丧回来的路上，在送丧人回来时放火焚烧。送丧人回来，长子走在第一个，所有人都要从火上跨过，到了家门口，先吃云片糕和红枣糖茶，以驱邪气。出丧当天晚上，要办酒宴，称为"斋饭"。如果死者是 70 岁以上的老人，丧事还得当喜事办，客人吃完斋饭，丧家还要给吃斋饭的人每人散一只寿碗和一双筷子，以示讨寿。20 世纪 70 年代后期，推行火葬，遗体用车辆送往火葬场，除木棺改为骨灰盒、哭丧棒改为花圈外，其余基本保留传统做法。

2. 火葬习俗

20 世纪 60 年代时提倡火葬。死者去世后放在医院太平间，报丧一般用讣告张贴。丧棚作为灵堂，挂死者遗像，亲属接待死者生前亲友吊唁，接收花圈、挽联等。丧服一般随着死者生前职业和家境而定。遗体前仍然用"老盆"烧纸。前来吊唁的亲属根据关系不同戴白布孝或黑纱孝。遗体运走火化，长子长孙摔"老盆"。有些居民仍在首辆车头挑幡，开车时燃放鞭炮，以志哀思。遗体火化前，经过化妆后安置在火化场内灵堂中央，亲友与之告别。在追悼会或告别仪式上，亲友在左上方，主持者在右下方，参加者佩戴黑纱白花肃立。议程一般有奏哀乐，向遗像三鞠躬，致悼词或介绍死者生平，向吊唁者致谢词，向遗体告别，慰问亲属等。亲属有的遵从旧俗，"五七"时为死者在家门外路旁烧纸，每逢周年或清明去墓地，献微型花圈或工艺品，以示祭奠。逢每年除夕前几日，丧主亦为亡者选择街口路边，在地上用粉笔画圈留"门"，烧纸悼念。

三、淮河流域农耕精神文明——乡村教育

淮河流域的乡村教育如同其他地方农村一样，从 20 世纪 90 年代前期到 21 世纪初，乡村正规学校教育的中学和小学有所不同。小学的学生生源稳定，教学质量较好，软硬件设施、课程设置、课外活动等相对比较合理，学生学业成绩和其他技能也能得到全面发展。但中学的情形就大不相同。中学学生

的年均辍学率较高，未竟学业的子弟大多选择外出打工，过早踏入社会。当前乡村办学条件明显改善，但是与城市相比仍然存在较大差距。农村优秀教师流失严重，师资校际流动、支教活动等未能产生长期的效果。同时大量适龄儿童尤其是义务教育阶段儿童由农村向城市集聚，致使乡村学校生源流失。因此，近年来政府注重将教育资源配置向农村薄弱学校倾斜，促进城乡办学条件和师资水平均衡发展。

四、淮河流域农耕精神文明——文化娱乐

（一）花鼓灯

花鼓灯是淮河流域民间盛行的歌舞表演艺术，集歌、舞、戏为一体，主要以锣鼓作为伴奏乐器，使用手巾、岔伞和折扇等道具，通过柔美的舞蹈表演和欢快的民歌小调来抒发劳动人民的喜悦心情。在花鼓灯表演过程中，有欢快热烈的锣鼓和潇洒奔放的舞蹈，还有抒情幽默的灯歌。每逢喜庆佳节，花鼓灯艺人便会在田间地头或者广场上敲锣打鼓进行舞蹈和歌唱。花鼓灯以奔腾热烈的舞蹈带给大家视觉上的享受，花鼓灯舞蹈是表演中的一个亮点，南北交融，风格独特，通过优美的舞姿表现了花鼓灯艺术的精神内涵。在花鼓灯艺术中，舞蹈不是核心内容，花鼓灯音乐才是花鼓灯艺术的灵魂。花鼓灯音乐主要包括花鼓灯灯歌和花鼓灯锣鼓，锣鼓能够渲染气氛，烘托场面，在古时乐器种类极少的情况下，锣鼓发挥着非常重要的作用。花鼓灯的灯歌均来源于生活，以朴实的语言和抒情的旋律，直接展示农民的真实生活。完整的花灯表演，具有固定的模式，在表演过程中，舞蹈和戏剧搭配演出，艺术个性鲜明，风格独特，演绎了人类历史文化的发展轨迹。

花鼓灯产生于农耕时代，具有鲜明的农耕文化烙印，农耕文化以血缘为纽带联系人与人之间的关系。花鼓灯的演出组织是灯班子，班子一般由同一家族成员组成。为了显示家族的兴旺，在表演中，灯班子之间常相互比拼技艺。花鼓灯的表现内容和服务对象都凝聚了农耕文化的气息。比如：常春利创作的锣鼓谱《蛤蟆跳井》用花鼓灯锣鼓展现了农村生活的自然景象。夏季来临时，很多蛤蟆会在池塘里"咕呱咕呱"地歌唱，嬉戏玩耍，忽上忽下，组成了一首田园交响曲，常春利闲暇时敲鼓模仿，最终创作出了这套《蛤蟆跳井》。

花鼓灯歌是玩灯人在花鼓灯中演唱的民间小调，在花鼓灯艺术中占有非常重要的地位，内容丰富，题材广泛，由劳动人民自己创作，语言比较口语

化。在灯歌演唱过程中，有时表演者会即兴发挥，尽情地表达自己的思想感情，多数反映了农民自己的生活，具有很强的群众性和自娱性。从艺术表现上，花鼓灯艺术来源于农民生活，来源于大自然，表演艺术具有地域性。舞蹈动作也来自劳动生活中的拟人化，表现了生产生活状态，反映了淮河两岸人们的日常生活、劳动、风俗和审美情趣，富有乡土气息。花鼓灯属于农耕时代的产物，民俗活动成为古时农村劳动人民农闲时的娱乐休闲方式，人们使用这种方式来缓解农忙时期带来的疲惫。花鼓灯属于民俗艺术，表演时间和地点比较自由，伴着舞蹈为人们呈现欢快热烈表演的同时，也体现了人们对美好生活的向往。农耕时代结束以后，乡村变为城市，花鼓灯赖以生存的土壤发生了天翻地覆的变化。因此，我们要保护好这些民俗瑰宝。

（二）淮河流域民歌

在经历了上百年甚至上千年的流变之后，淮河流域的民歌产生了稳定的艺术特征，随着时代的变革，这种具有稳定艺术特征的民歌传承于淮河流域的山山水水之间。由于地理环境不同，淮河流域民歌可分为山地民歌、川地民歌和丘陵民歌，不同地理环境的民歌特色各有不同。

（1）山地民歌主要出现在安徽西北和河南南部地区的淮河流域，这里的地理环境以连绵起伏的山地为主，天高山远。特别是安徽金寨、霍山地域最为明显。这里的山歌、牧歌、茶歌与当地的劳动方式密切相关，最具特色的当属"慢赶牛"和"挣颈红"。其中"挣颈红"以民族五声徽调式风格为主，充满了浓郁的地方特色，歌唱风格沧桑华丽、畅快淋漓，音域开阔。

（2）川地民歌流行于淮河流域平原地区，这些地域农业村落较多，文化交流中沿用中原官话。川地民歌具有北方民歌的豪爽风格，这主要是由于淮北地区与北方的文化交流较为频繁而形成的。载歌载舞充满了诙谐幽默的韵味，显现了这里农民充满希望和欢乐的精神状态。

（3）丘陵民歌主要分布在淮河流域山地和平原过渡地带，这里既有蜿蜒的淮河水流相伴，也有海拔300米以下的丘陵山地起伏。如安徽长丰、定远和淮南等地以丘陵地貌为主，因其与江苏相邻，所以民歌风格与苏北民歌有着异曲同工的特色，如天长民歌《茉莉花》就有浓郁的江苏风情。凤阳民歌《凤阳花鼓》则运用了花鼓灯风格的音乐织体，将民间小调的韵味发挥得淋漓尽致。

淮河流域民歌拥有其特有的艺术质地。通常这些民歌展现了社会生活的不同方面，从歌声中能体会到劳动人民的淳朴善良。旧时，由于淮河流域人民生活非常困苦，常常会遭受各种灾难，当时穷困潦倒的生活气息都展现在民歌中。比如《凤阳歌》是对凤阳人民古时残破生活景象的描写，当地的农民经济状况非常拮据，只能靠卖唱来维持生存，这首民歌也是老艺人有感于生活不易，进而创作出来的，这首歌能流传至今，正是因为获得了民间大众的共鸣。《摘石榴》《打菜薹》是五河民歌久唱不衰的代表作。五河民歌具有较为长久的历史，至明代达到兴盛，其种类繁多，曲目丰富，主要由小调、劳动号子、秧歌（田歌）三大类组成，以五河为中心，传播到安徽、江苏及山东的部分地区，既具备淮北侉腔侉调、粗犷豪迈的特点，又有节奏平稳、小波浪式的旋律线条，呈现出很强的抒情性，体现着刚柔相济的艺术特征。作为淮河中下游地区农耕精神文明呈现形式的杰出代表，五河民歌具有重要的地域文化和民间艺术价值。

第四章　淮河流域农耕文明的
传承保护与利用

　　淮河流域是中华民族起源地的重要组成部分，在中华民族五千年文明史上具有重要地位。考古发现，在距今 9000 年前，黄淮地区就同时存在稻作农业与粟作农业两种耕作方式，其分界线大约在北纬 33°与 34°之间。全新世大暖期这一分界线进一步北移，经历几次降温事件后，又几度向南移动，当全新世大暖期结束时，这一分界线大体稳定在北纬 32°左右，和淮河干流一线大致相当。因此，淮河作为亚热带与暖温带的气候分界线仅有 2000 年左右的历史。祖先们农耕的栽培对象、耕作方式等随着气候环境的变化南北移动，也必然会随之发生变化，由此出现了独具淮河流域特色的农耕文明。

第一节　淮河流域农耕文明的传承保护与利用
——种植技术

　　淮河流域原始农业出现于距今约 9000 年的裴李岗文化时期，这时期的贾湖遗址周边存在着丰富的野生动植物资源，其栽培作物以水稻、粟为主，至龙山文化时期小麦也开始出现。20 世纪 80 年代以来，考古发现淮河流域新石器时代有丰富的史前稻作农业遗存，表明这一带为传统稻作农业区，全新世高温期多次降温事件，又同时了发展粟作农业，这一代成为稻粟混作农业区。到全新世后期，尤其秦汉以后，气候逐渐变冷，使得这一带又逐渐成为粟作农业区，稻粟混作农业区向南迁移到了淮河以南的江淮地区。同时，淮河上游的河南舞阳贾湖遗址，中游的安徽蒙城尉迟寺、定远侯家寨、蚌埠双墩、霍邱红墩寺等遗址和下游的江苏高邮龙虬庄遗址，均发现了新石器时代丰富的稻作农业遗存。从现存的考古资料来看，双墩遗址和侯家寨遗址的水稻印痕样品中，同时有粳稻、籼稻和中间型并存，红墩寺遗址的样品中水稻印痕均为粳稻。据此判断，先民们种植的水稻已经向偏粳稻品种方向转变，且随着时间的推移，偏粳稻品种占比渐多，到后期已完成了粳稻特征的定型化，这样的水稻品种优化选育是先民们在长期水稻栽培过程中所形成的必然结果。此外，江苏宿迁韩井遗址位于淮河中下游的泛滥平原，紧邻顺山集遗址，两处遗址中发现的水稻田遗址反映了距今8000多年的淮河流域已有较成熟的水资源管理与利用模式。淮河流域是中国史前早期水稻栽培和驯化的中心之一，渔猎、水稻栽培和野生植物资源利用已成为韩井遗址农业经济的重要组成部分。

与农业种植密切相关的生产工具的制作也随之兴起。自裴李岗文化起，石制农具就占有相当数量，如石铲、石斧、石刀、石磨盘等，还有大量骨、蚌制农具。锛形器是新石器时代主要农业生产工具石锛的先祖，磨盘用来研磨植物种子或谷物籽粒，石锛用以斩断草木根茎。春秋前期，淮河流域以木石工具为主，部分使用青铜农具，春秋后期，淮河流域的楚国和吴国铁器冶铸业已发展起来，尤其春秋晚期，楚国已能生产生铁和钢制器，其先进的铁器冶铸技术已经推广到淮河流域。春秋战国时期，铁器在淮河流域逐步普及，考古发现有大量与农业生产密切相关的铁制农具如铁犁铧、铁铲、铁镈、铁刀、铁锄等，以及斧、铲、镰、削、刀、箭、矛等铁器铸范。

与农具相匹配的耕作方式亦形成。在淮河流域中上游的楚国，楚庄王时代已使用牛耕。《左传·宣公十一年》记载了楚庄王借陈内乱之机灭陈以为楚县，申叔时以"牵牛以蹊人之田，而夺之牛"，此处"蹊人之田"的牛当为耕牛。犁耕或牛耕在春秋淮河流域是时兴之事，淮北洙、泗流域的鲁国已用牛耕。当然，此时使用牛耕主要在淮河以北一些地区，各地的情况也不平衡。战国时期，牛耕得到推广，特别是在淮河以北地区。如同第一章绪论所提到，《孟子·滕文公上》记载孟子问陈相"（许子）以铁耕乎？"，即为铁犁牛耕。由此可见，铁耕或牛耕在淮河以北地区已推广。《庄子·秋水》中提到"落（络）马首，穿牛鼻"，表明当时为控制无拘无束自然状态的牛，通过"穿牛鼻"施以御控，显然与牛耕普及密切相关。

唐朝淮河流域先民们利用政策兴修水利。淮南在楚州沿海筑常丰堰挡御海潮，蓄水改碱灌田，大面积提高单产。同时，大规模兴修淮南东部水利。到了唐代中后期，淮河流域兴修的水利工程已成体系，如筑雷陂蓄水灌田，决雷陂则泄水洗碱开发滩涂。特别是提高栽培技术，精耕细作提高单产。描述淮南精耕细作的文字有"香稻三秋末，平田百顷间"，描述重视农桑田间管理有"张公不喜伎，独见佳麦良茧则笑耳。有田荒秽者，则集众杖之"。唐代描绘淮河两岸稻、麦的诗句非常多，如楚州"川光尽麦垅，月色明桑枝"（李白），"万顷水田连郭秀，四时烟月映清淮"（刘禹锡），"闻说故园香稻熟，片帆归去就鲈鱼"（赵暇），"岛声淮浪静，雨色稻苗深"（朱庆馀），等等。这些诗句均从侧面反映了当时农业生产发达和繁荣景象。

自明中期以后，农业生产中经济作物的种植发展很快，除传统的纺织原料桑、麻种植外，棉花的种植后来居上。"中州沃壤，半植木棉"，"艺吉贝（即棉花）者，所在而是焉"。淮南地区的茶叶生产继续发展。亳州等地的药材种植和交易驰名远近。

第二节　淮河流域农耕文明的传承保护与利用
——养殖技术

淮河流域自古以来就是人类繁衍生息的重要区域。从出土的文物证明，淮河流域在数千年以前已经有了农业和畜牧业。石器时代，淮河流域人类活动更为活跃，现已发现散布在淮河流域各地的仰韶、龙山、青莲岗、大汶口文化遗址 100 多处。20 世纪 80 年代以来，随着河南省舞阳贾湖，安徽省濉溪石山孜、蒙城尉迟寺，江苏省高邮龙虬庄等重要遗址的发掘与研究，淮河流域新石器时代的一系列重大文化成就更被誉为史前的"光芒"。这其中，动物驯化应为这光芒中极为耀眼的一缕。

家畜饲养业的发展奠定了定居生活的基础。狗和猪被认为是淮河流域最早被驯化的动物，羊和牛也可能在 7000 年前就被驯化。贾湖遗址中狗骨架多数发现于单独的小坑或墓葬之内。至大汶口文化时期，羊、鸡、牛也被相继驯化和饲养，并用猪头、牛头或整狗随葬，在邳州大墩子等遗址还发现饲养超两年的猪，印证了家畜饲养业的兴盛。

淮河中下游地区，史前家猪饲养业呈发展的态势，淮河下游地区发展程度要高于中上游地区，但直至龙山文化时期，狩猎经济仍为获取动物资源的重要方式。从距今约 9000 年前的贾湖遗址来看，中国家猪起源于淮河上游地区的河南舞阳。淮河中下游地区史前居民获取动物资源的方式呈逐步发展的态势，家养动物所占比例稳步提高，其种类也有所增加。双墩文化时期，野生动物所占比重最高，而以猪为代表的家养哺乳动物所占比例较低，可能不足 30%，说明先民获取动物资源的方式以狩猎和渔捞为主、饲养为辅。龙虬庄文化和大汶口文化时期，家养动物所占比例在 40% 左右，家畜饲养方式整体上得到发展。但是，龙虬庄遗址由早到晚呈现出养猪业衰退趋势（家猪最小个体数所占比例由早期的 57% 下降到晚期的 27%），而稻作农业稳步发展的相背离现象，其背后的原因可能在于该地区周边相对丰富的野生动植物资源弱化了家畜饲养业的发展。龙山文化时期，获取的家养动物与野生动物资源持平，并出现了新引入的家养动物种类——黄牛，家畜饲养业已成为主要的获取肉食资源的方式。

由此可见，淮河流域史前居民获取动物资源的方式在很大程度上依赖于野生动物资源，渔猎方式所占比重较高，家畜饲养方式并未占据绝对优势地位。淮河中下游地区家畜饲养方式稳步发展，但在一定范围内也有小幅倒退。由于淮河流域史前先民获取肉食资源的方式及转变主要受制于肉食资源的需求量和遗址周围野生动物资源的状况，因此，遗址周边丰富的野生动植物资源在一定程度上会限制和阻碍家畜饲养业的发展，而家畜饲养作为一种能够获得稳定而充裕动物资源的手段，随着文化和社会的发展而得以发展。

第三节　淮河流域农耕文明的传承保护与利用
——文明遗产

一、贾湖遗址

贾湖遗址，位于河南省舞阳县北舞渡镇西南 1.5 千米的贾湖村，呈近圆形，是一处规模较大、保存完整、文化积淀极为丰厚的新石器时代早期遗存，考古碳-14 年代测定、释光测年结果显示其距今约 9000~7500 年，保护区面积 5.5 万平方米，始发现于 20 世纪 60 年代初。这里自古以来气候湿润，河流纵横，便是人类生息繁衍的理想境地。遗址附近沙河水面宽阔，自西北而下，在距遗址约 3 千米处环绕向东而行。灰河由遗址西 4 千米处蜿蜒而过，至北舞渡注入沙河。离遗址最近的是泥河，距遗址仅 1 千米。泥河源于叶县，在遗址西 8 千米处流入舞阳县，贯穿全境，在出境处注入澧河。

贾湖遗址是淮河流域迄今所知年代最早的新石器文化遗存，提供了连接黄河中游至淮河中下游之间新石器文化关系的一个连接点，再现了淮河上游八九千年前的辉煌，与同时期西亚两河流域的远古文化相映生辉。1983—1987 年，河南省文物研究所在此进行了 6 次发掘，揭露面积 2358.7 平方米，清理出房址 45 座、陶窑 9 座、灰坑 370 座，墓葬 249 座、瓮棺葬 32 座、埋狗坑 10 座，以及一些上沟、小坑、柱洞等。出土的遗物十分丰富，其中最引人注目的有刻符龟甲、骨笛、稻作遗存等。其中，龟甲上的契刻符号很可能是汉字的滥觞，这些随葬的龟甲反映了贾湖先民原始的宗教信仰，骨笛创造了中国音乐史上的奇迹，人工栽培稻遗存的发现证明了这一流域是稻作农业的起源地之一。

贾湖遗址出土文物数量之多，品类之盛，制作之美，内涵之丰富，为全国其他同期遗存所罕见。著名考古学家俞伟超在《舞阳贾湖》序文中写道："贾湖遗址的发掘，对我国新石器早期遗存来说得到了迄今为止最丰富的资料。"大量文物标本证明，贾湖先民已掌握了房屋构筑、制陶、磨锯、钻孔、渔猎工具制作、稻作农业、酿酒、人工养殖等多种技能。贾湖遗址的发掘及大量珍稀文物的出土，对研究八九千年前贾湖部落的经济结构、人类体质、技术工艺、聚落形态、宗教与音乐文化等都有着重大的意义，对研究中原地区淮河流域新石器时代文化、稻作农业起源、音乐起源、酿酒起源、原始宗教与卜筮起源、原始契刻与汉字起源、全新世气候与环境的演变及人与自然的关系等提供了重要线索。贾湖文化是中华民族历史长河中第一个具有确定时期记载的文化遗存，是"人类从愚昧迈向文明的第一道门槛"。

2001 年，国务院将贾湖遗址确定为第五批全国重点文物保护单位，由中国社会科学院考古研究所列入"20 世纪中国 100 项考古大发现"。2016 年，贾湖遗址载入教育部部编教科书《中国历史》，并入选国家"十三五"时期大遗址名单和河南省委省政府《华夏历史文明传承创新区建设方案》。2017年，贾湖遗址入选第三批国家考古遗址公园立项名单，为把贾湖遗址建设成为展现 9000 年中华历史文化的新高地，建设成为华夏历史文明传承创新区的重要文化坐标，提供了重大历史机遇、政策机遇和发展平台。2021 年，"第三届中国考古学大会"开幕式在河南省三门峡市举行，贾湖遗址入选大会"百年百大考古发现"。

二、尉迟寺遗址

尉迟寺遗址位于安徽省亳州市蒙城县许疃镇毕集村东 150 米，是一个已有 5000 年历史的前人类文化遗址。尉迟寺遗址为国内目前保存最为完整、规模最大的原始社会新石器晚期聚落遗存，东西长约 370 米，南北宽约 250 米，总面积约 10 万平方米。遗址曾建有一寺，相传是纪念唐代大将尉迟敬德在此屯兵，故称"尉迟寺"。

在距今四五千年以前，尉迟寺一带的自然景观十分优美。溪水潺潺，林木葱葱，各种动物游荡于河畔林间，戏水觅食。当地先民在这块肥沃的土地上繁衍生息，用自己辛勤的双手创造了丰富多彩的古代文化，给后人留下了宝贵的历史遗产。通过发掘，这座沉睡了 5000 年之久的古代遗址重放光彩，并以其独具特色的文化面貌展现了当时人们的居家形式、文化生活、意识形态以及社会生产力的发展水平。

遗址中的红烧土排房是中国已经发现的最完整、最丰富、规模最大的史前建筑遗存之一。中国社会科学院考古研究所安徽工作队从 1989 年起先后对该遗址进行了 13 次发掘，在 1 万平方米的范围内，共清理出房迹 78 间，墓葬 300 余座及大量的灰坑、祭祀坑、活动广场等遗迹。出土陶器、石器、骨器、蚌器等文物近万件，为研究淮河地区原始社会中、晚期的历史提供了十分重要的资料，是可与金矿媲美的资源。尉迟寺遗址被称为"中国原始第一村"，2001 年国家文物局将其列为第五批国家级重点文物保护单位。

三、龙虬庄遗址

龙虬庄遗址位于江苏省高邮市龙虬镇北部，是江淮东部地区新石器时代一处具有代表性的村落遗址。遗址平面近似方形，四面环水，总面积 4 万多平方米，距今 7000 ~ 5000 年。该遗址发现于 20 世纪 70 年代，20 世纪 90 年代曾先后进行过 4 次科学发掘，发现新石器时代房址 4 处，灰坑 35 个，墓葬 402 座，出土了石器、玉器、陶器、骨角器等各类文化遗物 2000 余件。其中有斧、锛、刀、锄、纺轮、砺石等石器；有用麋鹿等动物的骨角制成的角锄、骨镞等生产工具和骨针、骨锥、骨坠、骨环等生活用具；有管、环、璜、坠等玉器；有大批生活用品陶器，种类众多，形态各异，制作精良。完整的可修复的陶器 100 多件，其中有 10 只猪形陶罐，既酷似，又夸张，其制作水平和审美情趣令人折服。其中最为珍贵的是在遗址地层中出土的大量炭化稻米和古文字陶片及鹿角上具有文字符号特征的刻画符号，这些对研究稻作农业的起源和我国文字的产生均具有重要意义。

遗址的发掘证实在距今 7000～5000 年之间，位于江淮东部地区的龙虬庄存在着一支文化面貌独特、文化特征稳定、发展序列完整的原始文化——龙虬文化。该遗址被国家文物局评为"1993 年全国十大考古新发现"之一，1995 年被列为江苏省文物保护单位，2001 年被国务院批准为全国重点文物保护单位，2011 年被江苏省文物局评为"江苏省大遗址"之一。高邮龙虬庄遗址中出土的陶文被誉为"中华文明的曙光"。如今，作为国家重点文物保护单位的龙虬庄遗址生态博物苑正在兴建，它将再现龙虬部落的原始生活风貌。

四、侯家寨遗址

侯家寨遗址位于定远县西南七里塘乡袁庄自然村北侧约 200 米处，北临枯河，距淮河约 40 千米。该遗址属于安徽省境内新石器时期早期文化类型，于1977 年被发现，经考古人员对出土陶器碳-14 年代测定，认定其分为早、晚两期文化，一期文化距今有 6900 年左右，二期文化距今为 6000～5200 年，为独特的文化现象，考古专家名之为"侯家寨（2）"，是淮河流域史前文明的标志。

该遗址为单一台形，面积 3 万余平方米，文献多有记载。迄今已发掘 375平方米，文化堆积可分为四个自然层次，均属新石器时代。出土较完整陶器、骨器、石器 300 多件，并收集了大量的骨骼标本。此外，还发现了居住硬面和灰坑等遗迹。出土的陶器以夹砂粗红褐色陶、红陶为主，手制，素面，有少量的堆纹、划纹、刺点纹、指纹等。器形有鼎、签、钵、豆、壶、支座、盂形器、勺、弩、器盖、陶塑、弹丸等，重要的是红色彩绘陶器的使用及圈足钵底部发现刻画纹等符号。彩绘内外彩都有，以外彩为主，一般是在器物的口部用红带装饰，腹部多饰水波、网、条带等图案。刻画纹符号多为方格、斜方格、网状。多姿多彩的陶器显示出 6900 年前侯家寨一带的先民生产、生活中多元的审美观念，特别是陶器上的刻画纹，已经透露出中国文字的雏形，为人类文明的起源提供了一定的认识依据。

在遗址东水沟西壁采集到经轻度烧烤的草拌泥块，地表已无此样本。红烧土块在侯家寨遗址地表与地下随处可采集。在 29 个稻壳或米粒状土块中，可判断的有 27 个，9 个为粳稻，11 个为籼稻，7 个为中间型，2 个标本残缺较重，无法判断其粒型。由此推知，侯家寨与浙江河姆渡的文化时期相当，先民已在江淮地区种植水稻作物。

五、双墩遗址

双墩遗址，在第二章已有提及。该遗址距今 7000 多年，是一个台地遗址，遗址保存范围为南北长 180 米左右，东西宽 140 米左右，约 25200 平方米。双墩遗址出土了大量的陶器、石器、骨角器、蚌器、红烧土块建筑遗存、动物骨骼以及螺蚌壳等，种类繁多，既有生产工具、生活用具，也有大量刻画符号和泥塑艺术品。发现了 12 个稻壳的印痕，其中可以判断其类型的有 9 个，含 2 个阔卵形，判断为粳稻，4 个为籼稻，3 个为中间型。

该文化遗址是淮河中游地区已发现的年代最早的新石器时代文化遗存，是淮河流域早期文明的有力证据。蚌埠双墩春秋墓特殊的圆形墓坑，在封土与填土中构筑多种寓意深奥的从未见过的"五色土""白土垫层""放射线""土丘""土偶墙""十字形墓底埋葬布局"等象征性的遗迹现象，气势壮观宏大，其天宇式的墓式结构展现了当时钟离国丧葬风俗，是淮河流域中游地区人类在墓葬建筑史上的创新，是墓葬考古史上的新类型，获评国家文物局"2008 年全国十大考古新发现"之一。蚌埠双墩遗址出土文物非常丰富，陶塑纹面人头像为目前我国发现的最早最有艺术价值、学术价值的雕塑作品之一，被定为国家一级文物。除了陶塑纹面人头像外，刻画符号也是双墩遗址出土器物中一种特殊的文化遗存，同时，双墩遗址发掘大面积密集出土的文物、特殊分布样式以及其中蕴含的文化内涵，在国内同时期文化遗址中堪称绝无仅有，已确定遗址北部与祭祀活动有关。2013 年该遗址被国务院核定为第七批全国重点文物保护单位。

六、红墩寺遗址

红墩寺遗址位于淮河之南的安徽省六安市叶集区姚李镇，拥有温和的地理环境和丰富的物产资源，是人类理想的栖息地。华夏先民在此长期生活、居住，创造出了辉煌灿烂的古代文明，新石器时代遗址数以百计，有的延续至商周。该遗址包括新石器时代到西周不同时期的堆积。尽管地表散落有新石器时代和西周时期的遗物，但选择的采样点却未见西周时期的文化层堆积。根据采集到的新石器时代陶片观察，其陶器以红陶为主，有泥质、夹蚌和夹炭陶，火候不一，应有早晚的差别。该遗址曾进行过试掘，发掘者认为第一期文化比侯家寨上层阶段略早，相当于侯家寨遗址早晚之间的阶段，距今约6000 年，如若是，则红墩寺第一期与濉溪石山孜遗址大体相当，第二期文化相当于侯家寨遗址上层，属于侯家寨文化的一个重要遗址。在红墩寺遗址的土块和红烧土中，共发现了 11 个样品，12 个稻壳的印痕，其中可以判断其粒型的有 8 个，全部为粳稻。另有 4 个标本因残缺较多，无法判断其粒型。1987 年，安徽省文物考古研究所对红墩寺遗址进行发掘，布方在遗址的东北角，揭露面积 300 平方米。

遗址堆积包含遗存：二层为西周，三层为商代，四层为二里头时期，五、六、七层为新石器时期。夏商周时期的地层中发现有竖穴土坑儿童墓 1 座、陶窑 1 座及一批灰坑，出土遗物以陶器为主，有鼎、鬲、罐、钵、碗、豆、瓮等，其他有石锛、石斧、陶纺轮、玉琮、陶埙等。文化面貌既有地方特色又有中原文化的影响，还有岳石文化的因素。新石器文化遗存可分三期，早期与定远侯家寨、肥西古埂的遗存面貌相近，大体年代相当；二、三期的年代相当于龙山时期，含有造律台类型文化的因素。出土陶器有鼎、豆、壶、碗、杯、盆、甗、釜等，石器有斧、锛、凿、镰、棒、砺石等，其他有陶纺轮、玉饰等。

七、其他文明遗产

（一）音乐

关于吹奏乐器，在我国古文献中有许多记载。如《世本·作篇》说"女娲作笙簧"，《通历》说"帝喾造埙"。中国传统乐器分为"八音"，在商周时期就已达到成熟的阶段。贾湖遗址出土的距今 9000 年的骨笛为目前我国发现最早的原始乐器，也是乐阶最为完善的早期乐器之一。骨笛由丹顶鹤的翅骨制成，早期为五孔，后逐渐发展至八孔，分别可以吹出四至七声的音阶。陶鼓在距今约 7000 年前开始出现。石磬也是淮河流域使用的一种打击乐器。这些乐器的发现改写了中国乃至世界音乐史，在世界音乐史上具有重要地位。

（二）天文地理

淮河流域大部地区以平原为主，易受洪水侵袭，先民们在选址定居时，能够根据已掌握的天文地理知识发展出一套科学的居住模式。淮河流域内的先秦时期聚落多为一种土台式结构，俗称为"堌堆"，现存高度一般在 2～5 米，房址门多朝南。发现的城址也多采用依山面水、坐北朝南的方式以避寒风，面向暖阳。

（三）泥塑与陶艺

自裴李岗文化起就出现了一些动物或人物形象的小型泥塑像。双墩遗址出土的一件泥塑人头像，塑造出了一副清晰面庞，面颊还有纹面的痕迹。大汶口文化时期的动物形陶塑造型更加生动活泼。彩陶在距今 6000 年前后开始在淮河流域流行。至龙山时期的一些器物造型和纹饰，已经成为夏商青铜器相应的母型。

（四）刻画与文字

刻画符号奠定了文字萌芽的基础。贾湖遗址发现了 14 个刻画在龟甲、兽骨、石器或陶器上的符号，有一些与甲骨文写法类似。贾湖新石器遗址出土的甲骨所显示的契刻符号形成年代，早于安阳殷墟的甲骨卜辞 4000 多年，领先于素称世界最早文字的古埃及纸草文书，比西安半坡仰韶文化陶器上的刻画符号和山东大汶口文化陶器上的文字早 2000 年。蚌埠双墩遗址及其周边遗址发现的刻画符号有 600 多个，大多刻画在碗底。学术界认为双墩遗址刻画符号是中国文字起源的重要源头之一。大汶口晚期出现的刻画符号和龙虬庄刻文可作为距今 5000 年前后淮河流域的代表，尽管含义无法辨识，但无疑有着原始文字的表意功能。

第四节　淮河流域农耕文明的传承保护与利用
——民俗文化

淮河历史悠久，它滋养了淮河儿女，也塑造和改变着淮河儿女的生活，它的变迁也影响着淮河儿女的生活习惯和风俗习惯。

一、淮河流域物质民俗

民俗是指人们在日常的物质生活和精神生活中，通过语言和行为所传承的喜好、风尚、习惯和禁忌等，是一种社会文化现象，既是非物质文化，又是物质文化。民俗一般可分为物质民俗、社会民俗和精神民俗。其中，物质民俗包括饮食、服饰、居住、生产、交通和交易等；社会民俗包括家庭、家族、村落、民间组织、岁时节日和人生仪礼等；精神民俗包括巫术、信仰、宗教、禁忌、口承语言民俗、民间游艺和竞技等。下面仅就饮食习俗和服饰民俗简介淮河流域物质民俗文化。

（一）饮食习俗

《史记》云"民以食为天"，《孟子》云"食、色，性也"，《礼记》云"夫礼之初，始诸饮食"。饮食是人类生活中极为平常又极为重要的事情。淮河流域饮食习俗是物质生活习俗的重点，该流域饮食文化历史悠久，内容丰富，融"阳春白雪"与"下里巴人"于一体，雅俗共赏。既有随处可见的民间小吃，也有优雅的酒楼文化；酒楼虽然高雅，但不乏民间小吃，民间小吃虽随处可见，却依旧会出现在酒楼的饭桌上。王崇献在《豫菜文化说》中淋漓尽致地解析了烹饪文化、和中文化、发祥文化、素食文化、大众文化和医食文化于一体的豫菜文化。河南商丘人对烩面（图4-1）偏好，刘忠明在《烩面碗里的乡情》中详细展示了河南以面食为主的饮食文化。郭桂义在《信阳茶俗和茶艺》中描述了信阳毛尖茶艺、以茶敬客的饮茶习俗及以茶为礼的风习。金效其在《淮安金丝茶馓》中描述了淮安的独特风味小吃茶馓。丁应林和冯祥文的《淮安菜的美学风格》从美学角度解析了淮安菜。李芳和靳灿玺的《店集温蒜面吃到年初一》描述了安徽阜阳市店集村大年初一吃面的民俗。赵朝允的《象征亲情的食品——老雁馍》描述了安徽阜阳老雁馍的独有特色，其是饱含地域风情的民间食品。顾向明的《沂蒙食俗管窥》则展现了沂蒙山区丰富多彩的饮食习俗。

图4-1　河南烩面（张孟恩　摄）

（二）服饰民俗

位于淮河流域上游的河南段自古以来就对服饰有讲究，这从当地服饰中的冠巾、衣裳、鞋袜、饰品，甚至儿童的服饰就能看出。另外，各地传统婚俗新娘都穿红色旗袍，演变到现在有的新人穿西方婚纱，服饰习俗也在传承中发生着变化。另外，当地老人习惯在端午节缝制装着艾叶和香粉等的"香袋"，让自家孩子戴在胳膊上，象征避邪吉祥，这些都可以说是服饰民俗的一个缩影。

值得一提的是淮河流域的服饰，兴于明，盛于清，主要分布于淮河流域中下游的安徽和江苏境内。淮河服饰主要分大襟衣、夹袄、裤子、肚兜、褶裙、褶腰等。淮河流域的服饰具有浓郁的乡土气息，美观大方，经久耐穿，对研究淮河流域文化与民俗具有较高参考价值，在一定程度上推动了当地经济的发展繁荣。周东华和周玉玲在《苏北幼童传统服饰与民间文化习俗》一文中展示了苏北孩童随年龄、性别、节令、场合而变的服饰颜色、款式以及搭配，突出服饰驱邪祈福的特色，反映了民俗的服务性，尤其是虎崇拜理念的提及使得服饰与民俗信仰完美融合（图4-2），展现了苏北的服饰文化。

图4-2 虎头帽（入学前）（张孟恩 摄）

二、淮河流域民间音乐

民间音乐是指劳动人民在生活和生产中，自己创作、自己表演并广泛流传于民间的各种音乐体裁形式。淮河流域是民间音乐生存的沃土，更是一个庞大的民间音乐宝库，记载着淮河人民从远古到现在创作的民间歌曲、民间舞蹈、民间戏剧、说唱艺术等。

（一）淮河流域民间歌曲

淮河是我国东侧的南北分界线，京杭大运河纵贯其间，自古以来就是交通南北的中间地带之一，而古时的经济依赖水路进行沟通，文化则多沿水路传播，这使得淮河流域民间歌曲与西北高原、华北东北平原均有较大差异。本地区民间音乐具有比较匀称整齐、细腻内在的特征，外刚内柔，在奔放明快之中透出一种清丽洒脱之气，有着多重风格并存的包容性。淮河流域民间音乐主要集中在民歌方面。明代卓人月曾经把《吴歌》《挂枝儿》《罗江怨》等称为"我明一绝耳"。袁宏道在《叙小修诗》中则这样说道："故吾谓今之诗文不传矣。其万一传者，或今闾阎妇人孺子所唱《擘破玉》《打草竿》之类，犹是无闻无识真人所作，故多真声；不效颦于汉魏，不学步于盛唐，任性而发，尚能通于人之喜怒哀乐、嗜好情欲，是可喜也。"流传至今的淮河流域民歌包括河南信阳与周口民歌、安徽五河民歌、江苏扬州民歌及淮河渔民水上生活民歌等，但耳熟能详的要数《凤阳歌》和《摘石榴》。

（二）淮河流域民间舞蹈

淮河流域民间舞蹈主要集中在花鼓灯方面。花鼓灯不属于文人士大夫，完全属于农民，浸润着淮河的水分，散发着泥土的气息，充分展现了淮河文化的内在精神和文化底蕴。流传于淮河两岸的花鼓灯是非常典型的农耕形式的广场艺术。但对于花鼓灯艺术的研究还没有深入展开，其中的一个偏向是将花鼓灯仅仅视为舞蹈艺术。实际上，花鼓灯还有一个重要的组成部分——灯歌，因为是文字歌唱，其所蕴含的淮河文化精神更为鲜明。从已经搜集记录下来的灯歌看，其内容极为丰富，充分反映了淮河两岸农耕社会底层民众所思所想、价值取向和审美趣味。

灯歌有不少是对淮河风光、民俗和灾难的书写。例如："淮河弯弯淮水长，淮河两岸柳成行。三弯六咀十八岗，七十二道归正阳"；"花鼓一打连又连，怀远城就在眼面前。东山有个禹王庙，西山有个白乳泉，卞和洞里出神仙"；"提起地主实在坏，专门放些高利贷。我借他一斗还二斗，借他一块还两块。午季的麦子刚下来，地主就到我家来。口里衔着旱烟袋，手里拿个大口袋。我说今年还不起，他连嘛带骂蹦起来。搂腰给我一烟袋，他把我打的顺地歪，硬逼着我把孩子卖。我卖小孩还他高利贷"；"张口合口你赌得好，俺的家产哪去了？二亩水田全赔尽，小驴驹子全偷卖掉。大桌子抬去还了账，小板凳劈掉当柴烧。寒冬腊月睡芦席，没有被子盖夹袄。你可知正派人家不赌钱，赌徒怀里揣把刀？你偷张摸牌会耍赖，赌鬼们的坏点子比你还孬。要想做人先戒赌，要想过好日子靠勤劳"；等等。

另外，灯歌也有妇女对不幸婚姻的咏叹。如："白天挑水几十担，晚上推磨到五更天。刚在灶门打个盹，狠心的婆婆就叫去烧锅。忽啦推开门两扇，天上星星还没落。急忙拿过一根绳，去到垛头背柴火。锅又大，水又多，柴火湿了对不着。两眼呛得泪潜潜，大伯子来到要吃饭，小叔子来到就掀锅。老公公要吃摊煎饼，婆婆要吃烙油馍。还要叫俺喂猪、喂鸡又喂鹅，哪一点不到就打我"；"花鼓一打咯嚓嚓，恨一声糊涂的老妈妈。小侬家刚满十八岁，硬要逼着给婆家"；等等。

其实，许多灯歌还表达了人们对生活的乐观态度。如："花鼓一打咯咯噔噔，四面八方来看灯。远的不过三五里，近的都是南北村。不抹胭脂不擦粉，逢年过节开开心"；"什么上山吱扭扭？什么下山乱点头？什么有腿桌上坐？什么无腿闯九州？小车上山吱扭扭，扁担下山乱点头。香炉有腿桌上坐，舟船无腿闯九州"。与此同时，灯歌也不乏宣说情爱。如："我将干哥送出门，知心话儿对哥云。不义之财莫去取，脾气要好人要稳，做人应该守本分"；"干哥犁田汗水流，侬家送饭到地头。大米干饭溜腊肉，小葱豆腐浇香油，干哥吃饱好使牛"；"清早起来把门开，一对蜜蜂飞进来。我看见蜜蜂想起人，羞羞答答头难抬，为什么干哥还不来"；"清早起来站门旁，眼泪丝丝对郎讲。昨天为你挨顿打，今天为你挨顿夯。好好的皮子打成伤，白褂子染成红衣裳。掀起褂子你望望，我舍得皮肉舍不得郎"；"送郎送到五里岗，我送小郎一挂炮仗。你走一里放一个，你走二里放一双。一直放到你家乡，看不到情郎听到炮响"；"远望小妹坐河坡，青石板上把衣搓。有心上前叫声妹，又怕人多不理我，我提提嗓子唱山歌"；等等。

（三）淮河流域民间戏剧

淮河流域民间戏剧是原生态的民俗之一，主要集中在各地的地域剧种上，如豫剧、灶戏、泗州戏、淮剧等。

1. 豫剧

豫剧的产生可以看出诞生于黄河流域的一种梆子腔过渡至淮河流域时与当地民歌、民谣等乐种融合演化的流传过程。豫剧唱出了梆子腔的流变。梆子腔，戏曲声腔剧种，又有西秦腔、乱弹、秦腔等名称，因使用打击乐器梆子击节而得名，是源于陕西、山西一带的民间曲调。

2. 灶戏

流传于河南信阳固始县的一种传统戏曲剧种，固始灶戏俗称"锅台戏"，又名"丁香戏"，代表剧目有《郭丁香》（图4-3）。《郭丁香》是一部非常珍贵的原唱、原生态的民间口头文学，其唱词长达一万多句，是一部富有中原文化特色的优秀长篇叙事诗，入选河南省首批非物质文化遗产代表名录。从灶戏的文化模式中，可以看出其所具有的民俗性、情感模式及宗教情结。

图4-3　《郭丁香》剧目情节（黄星辰　绘制）

3. 泗州戏

泗州戏有200多年的历史，是我国著名的民间戏曲类型之一。该戏剧本身所具有的唱腔十分优美，具有简单的曲调结构和较为浓郁的乡土气息，旋律和曲调十分吸引人。在泗州戏传承发展中，民间小调和山歌号子等是主要艺术素材来源。因此，具有朴实、风趣的演出风格。2006年泗州戏被列入第一批国家级非物质文化遗产名录。

4. 淮剧

淮剧又名江淮戏、淮戏，一种古老的地方戏曲剧种，发源于今江苏省淮安市以及盐城市里下河一带，流行于江苏省、上海市以及安徽省部分地区。清代中叶，在淮安府（今盐城市和淮安市）和扬州府两地区，当地民间流行着一种由农民号子和田歌"儴儴腔""栽秧调"发展而成的说唱形式"门叹词"，形式为一人单唱或二人对唱，称之为"二可子"，仅以竹板击节。淮剧后与苏北民间酬神的"香火戏"结合演出，之后又受徽戏和京剧的影响（称为徽夹可），在唱腔、表演和剧目等方面逐渐丰富，形成了淮剧。2011年江苏省淮安市、泰州市联合申报的淮剧经国务院批准被列入国家级非物质文化遗产扩展项目名录。

5. 扬州清曲

谈到淮河流域说唱艺术，不得不提扬州清曲。清康熙、雍正、乾隆三朝期间，明代兴起的俗曲在扬州一带与当时江南流行的民歌、俗曲相互融合并得到了充分的发展，以扬州为中心沿运河向北，沿长江向西传情，形成了今天称为明清俗曲的一个大的类别，即扬州清曲。

三、淮河流域民间美术

淮河流域民间美术主要集中在剪纸、年画以及泥塑等方面。民俗剪纸艺术（图4-4）是纯朴的淮河流域民风民俗的艺术再现，剪纸主要集中在安徽淮北以及江苏扬州。民间美术的另一朵艺术奇葩是年画，尤以嘉祥年画及灯画为主。泥塑作为民俗美术的一个重要方面，如沂蒙山区的民间泥玩具"泥娃娃"。在安徽淮河以北地区民俗活动中，民间美术以服饰、剪纸、泥塑、年画、编织品、扎画、玩具、布艺等为载体，突出民俗文化及自身发展衍化的基本规律，揭示当地民俗美术图式的造型特质、装饰表达以及文化意涵。淮北临涣地区民俗美术则以中原麦黍农耕文化为特色。

图4-4 宗氏剪纸（黄星辰 绘制）

第五章　淮河流域农耕文明对
中华农耕文明的影响

第一节　淮河流域农耕文明对中华农耕文明的影响
——种植技术

自古以来，淮河是一条容易被忽视的大河，人们常常把其归入江淮或是黄淮，说到淮河文化，往往被看作黄河和长江文化的辐射区，很少有人意识到淮河流域农耕文明对于中华农耕文明的独特贡献。

一、淮河流域的种植业

淮河流域地处中国南北气候过渡带，气候温和，土地肥沃，资源丰富，是我国重要的粮食生产基地。淮河是一条自然地理的突变线和临界线，其中线南为亚热带，线北为暖温带；淮河是高粱种植的南界，竹子生长的北界，极端表现是"橘生淮南则为橘，生于淮北则为枳"。该流域种植业的发展可以追溯到距今 10000 年以前，由于早期生产力低下，人类主要通过狩猎和采集维持生存。在漫长的采集活动中，人类对于一些植物的生理特性开始有了一些了解，早期种植业逐渐形成。距今 8000 年前，原始农业已经相当发达，在种植业方面很早就形成北方以粟黍为主、南方以水稻为主的格局。反映到农业形态上，淮河以北是旱作文明，淮河以南是稻作文明。

二、淮河流域种植技术的发展与影响

（一）早期淮河流域种植业的发展

1980 年，安徽省和县龙潭洞发现了"和县猿人"的化石，说明在三四十

万年以前，原始人类就已在安徽境内长江下游地区劳动、生息、繁衍。与和县猿人共同出土的化石还有鳄以及各种食肉动物和食草动物的化石。鳄的存在说明这里有较大的且比较稳定的水域，食肉动物的增多和草食动物的出现可以推测这里有茂密的森林和丰富的植被资源。1954 年，在安徽省泗洪县（现隶属江苏省）发现了一段长 152.7 毫米的股骨，推测属于更新世晚期的古人类化石，证明在淮河流域早有古人类居住。另外众多发现表明古人采取了储存草本植物种子的方法来应对恶劣的生存环境，在这一过程中，他们慢慢对植物有了了解，开始采集种子，用于种植作物，经过漫长的时间，作物种植开始成为一项赖以生存的经济活动。

在安徽省发现的 300 余处新石器时代遗址中，淮河流域遗址发现较为重要，从各个遗址出土文物的主要特征来分析，淮河流域广泛分布着龙山文化的遗址，其中，大部分与河南龙山文化有关，小部分与山东龙山文化有关。从整体情况来看，新石器时期淮河流域文化要稍早于长江流域。同时随着原始农业生产的发展，人类的生活方式也发生了变化。此时人类开始形成大规模的聚落，在选择居住环境时，倾向于选择一些便于农耕和渔猎，同时又能够防止被洪水淹没的一些场所。这些地方往往距离湖泊河流不远，也有一部分依山而建，定居在半山坡上。聚落面积大小不等，小的数百平方米，大的可到数万平方米。史前淮河流域主要以草原植被为主，森林面积较小，人类的耕作方式可能主要采用轮种休耕的做法，种植一茬之后放荒一段时间以恢复地力，这种耕作方式使得当时的人类不得不反复迁移，从而使得淮河沿岸出现多个原始人类生活的遗址。

（二）淮河流域稻麦种植的发展历程

1955 年，安徽省亳县（今亳州市）发现了钓鱼台新石器时代遗址。在遗址中出土了陶片、兽骨、鹿角等 800 余件文物，更重要的是在此次遗址发掘中，考古人员发现了大量的炭化麦粒，籽粒保存完好，仍为粒粒可数的原状。1980 年，在安徽省含山县大城墩遗址中发现散落的炭化稻谷。中国社会科学院考古所科研人员于 2009 年对安徽省怀远县涂山禹会村遗址考古发掘，发现了 5 粒炭化小麦颗粒。据考古队负责人介绍，这 5 粒小麦入土前经过炊煮，入土后干结炭化，使原有形状得以保存。经碳-14 年代测定，这些麦粒年代距今有 4100 多年。此次禹会村遗址发现的小麦是淮河流域年代最早的古代小麦遗存，填补了我国史前农业考古的一项空白。淮河流域众多遗址发现麦粒和稻粒的存在，表明数千年前，古人类就开始种植小麦和水稻。

相传大禹在治水的时候，他的部下有个叫"益"的人，发现稻在潮湿的地方能够生长，于是就组织人种稻，解决了水后灾民的生活问题。公元前613年—前591年，楚国的孙叔敖在寿县筑芍陂（今安丰塘）开稻田，这是淮河流域皖北地区种稻的最早记录。宋真宗时（公元1012年），江淮地区人民为了与干旱作斗争，引种耐旱的占城稻并栽培成功，并在今滁州一带培育出一茎三穗到十穗的"嘉禾"。《南齐书》说，当时淮南一带水利失修，不利种稻，于是农民便改种小麦。之后，小麦播种面积不断扩大。宋太宗淳化五年（公元994年），亳州农民还培育出分枝的"瑞麦"，据《天工开物》一书记载，到明代后期，北方谷物播种面积，小麦占一半，稻黍占一半。

三、淮河流域农具发展对农业的影响

古代农具发展史，就制作农具的原材料等特征而言，经历了三个阶段，即石器时代、青铜器时代和铁器时代。这三个不同发展阶段，不是截然分开的，而是一个漫长的逐步更替的历史过程。在五万年以前，开启旧石器文化，人们用石头相互敲击磨制加工石器。尽管此时农业还未完全形成，但是旧石器时期工具的诞生与发展为后来农业生产工具的发展奠定了基础。尽管当时制造的工具十分简单粗糙，但它是人类创造现代文明的伟大起点，真正揭开了人类历史的序幕。7000年前新石器时代的农具主要有石质、骨质、陶质、木质等各式原始农具，新石器时代的重要标志是石器穿孔技术的发明。

到了商代，青铜器的铸造，成了这一时期的重大发明创造。青铜农具已有了铜铲、铜锸和铜斧等。此时期灌溉技术也有了很大发展，由简单的汲水灌溉变为桔槔灌溉，即利用杠杆原理，需要汲水时拉绳使水桶浸入水中装满水，灌满水后再让重物一端下压，这样人们便可以用很小的力气把水提上来。西周时代在灌溉方面还出现了扉斗，可将低水面的塘水一桶一桶地向田中灌溉。这些发明大大提高了农业生产效率。

战国时期的农业生产已广泛使用铁制农具。铁制农具的出现对农业生产的影响具有划时代意义。秦汉时期的农具，除以前的农具外，还出现了播种用以及灌溉用的滑车、辘耕、翻车、脚踏碓等。耧车是播种机的一种，耧车的出现使得播种方式由撒播、点播改进为条播。耧车之后，又出现了形状如扫把，用来压实松土的农具——挞。据《古农法》记载，这两种农具配合使用能有效提高播种效率。魏晋南北朝时期，农业已经初步形成精耕细作的优良传统，农具的发展主要偏向于整地农具的改进。脱粒农具出现了石碓，它

既可碎土平治耕地，也可用于谷物脱粒。

隋唐五代时期的农具发展主要体现在耕垦农具与灌溉农具两个重要方面。以耕垦农具的犁来说，经过改进后的犁相较于秦汉时期的犁，结构更加复杂，功能更加完备，并且这种犁已经可以人工调节入土深浅。唐代这种犁的结构与现代各地的一些犁基本相同，无论在结构和工艺水平上都达到了非常成熟的地步。整地方面还出现了耕后破碎土块、压平垄面、芟除杂草的砺。隋唐时期的灌溉农具还出现了立井水车，这种水车由长链、水斗、齿轮组成，提水时，只要转动套杆就可以连续从井中提水灌溉，省时省力。

宋元时期的农具有不少新的发明创造，如踏犁、秧马、牛转翻车、水轮三事等，反映在耕耘、栽种、灌溉等各个方面。使用栽种农具秧马在泥田里插秧，不仅不会陷入软泥，而且便于滑行。收割农具中的推镰，收割麦子既齐又快，新中国成立后一些农村还在使用。至于水轮三事，谓"水转轮轴可兼三事，磨、砻、碾也"（王祯《农书》）。

明清时期有两项农具的发明创造值得一提，分别是绳索牵引犁和风力水车。尽管前者在当时并未得到应有的推广，但绳索牵引犁这种新式农具在农具发展史上是一项重大创造，风力水车的使用是明清时期灌溉农具的重要成就之一。

第二节　淮河流域农耕文明对中华农耕文明的影响
——养殖技术

一、淮河流域畜牧业的发展阶段

畜牧业的产生是人类社会历史上的一次伟大进步，它标志着人类对自然界进行改造的开始。畜牧业是一个国家经济发展的重要支撑。淮河流域畜牧业的发展经历了漫长的过程，虽然不同朝代有不同的发展特点，但都对我国现代畜牧业的发展有着重要影响。

（一）原始畜牧业

目前在考古学和科学技术史上，原始畜牧业和原始农业的出现仍然是一个悬而未决的问题。对淮河流域畜牧业起源历史背景的探索和探索人类起源同等重要，因为任何一种文明的起源毫不例外都必须以农业发展为基础。

1. 原始社会的狩猎活动

考古人员根据淮河流域原始人类的生活资料推测，当时人类维持生活主要依靠采集果实和狩猎。人类诞生以来，社会在不断地进化和发展，古人积累了许多经验，所使用的农业工具也得到了改进，人类也逐渐有了捕捉动物的可能，这为后期人类对野兽的驯化和畜牧业的形成与发展创造了必要的前提。

2. 畜牧业的萌芽

随着时间的推移，人类逐渐掌握了狩猎的技能。随着狩猎技术的成熟，古人类开始将一些吃不完的猎物放于住所附近的地洞内或在地上圈制栅栏暂时围养起来，以防备食物短缺或在难以捕捉到猎物时食用。淮河流域开始对捕获的动物进行圈养是畜牧业萌芽的标志。

3. 早期畜牧业

旧石器中期，采集和狩猎是古人从事的主要生产活动。在这一阶段的淮河流域遗址发掘中发现了一些骨器，骨器的出现一方面说明人类的制造工艺得到了发展，另一方面也说明古人的狩猎水平得到了提高。到了旧石器时代的中后期，由于石制工具制造技术的进步和弓箭的发明，人类狩猎的效率又有了很大的提高，同时狩猎对象也逐渐固定为以食草动物和杂食动物为主。这些事实表明，建立在狩猎生活基础上的原始畜牧业对动物的驯服和驯化已经具备产生的可能性。随着岁月的流逝，人类捕获动物的成功率越来越高，捕获动物的数量也越来越多，便开始了大量洞养和圈养动物，部分被圈养的动物的性情开始渐渐温顺起来，进而被人类驯化为家畜，这样就开始了初期的畜牧业。到了新石器时代晚期，人类经过"猎杀—捕捉—圈养—选择—繁殖—调教"一系列漫长的历程，使得野生动物一代代更加适应人类干预下的生活，野性逐渐丧失，更加便于人类食用和使役。

（二）古代畜牧业

1. 夏商周、秦汉时期

夏商周时期，马、牛、羊、猪、犬等开始作为食品、祭祀品和殉葬品使用，尤其商代帝王祭祀时用牲量很大，有的多达几百头。东周时期，为了管理畜牧业的发展，国家特别建立了由经验丰富的官员组成的家畜管理部门。春秋时期，畜牧业促进了兽医科学的发展。到秦汉时期，民间不仅有专治马病的"马医"，还出现了为耕牛治病的"牛医"，并且当时人们已经掌握了家畜的阉割技术。秦代制定了畜牧兽医法规《厩苑律》，在汉代改名《厩律》。

到了汉朝时期，农业耕作开始使用牛耕，畜牧业得到了很大发展。

2. 三国、两晋、南北朝时期

三国时期，畜牧业经济发展较为迅速。曹魏政权不断进行军事扩展，军事和屯垦耕作对牲畜的依赖十分紧迫。因此，当时官府制定了包括畜牧品种、饲养方式、饲养数量、牲畜验收、征收办法、奖惩条例等在内的一系列规章制度，并且要求严格执行。同时曹魏对畜牧生产中的农户严厉控制，收到了"家家丰实"的效果。此时曹魏虽然采取了化整为零的饲养方式，但这只是作为当时生产模式的一种补充，实际上畜牧生产还是以国有生产为主，不过多种养殖模式相结合的模式足以表明当时畜牧业经济相当发达。两晋、南北朝时期，马、牛和羊数量显著增多，淮河流域畜牧业有了很大发展。

3. 唐宋时期

唐代，政府十分重视官营畜牧业的发展，并且在中央有太仆寺、尚书驾部、尚乘局共同管理畜牧业发展，对畜群的增殖保护等制定专门的法律作为奖惩准则。唐代生产力以畜力生产为主，而拥有大面积田庄的中上等农户一般都会大量饲养牲畜。唐代政府也积极倡导农户大量养牛、养马，并以此来提高农业生产能力。在唐后期，由于安史之乱，畜牧业发展逐渐出现由西北向黄河中下游及淮河流域迁移的趋势，中原地区的畜牧发展更加迅速，淮河流域成为重要的畜牧业产区。当时民间还出现了一些养牛大户，可见其牲畜饲养业的发展规模。宋代畜牧业总量较唐代较少，农业生产向北拓展，畜牧业生产向南推进，北方牧场向半农半牧状态发展，但饲养技术、改良技术、兽医技术、相畜技术等方面与唐代时期相比得到了普遍提高。

4. 元明清时期

元代大力发展畜牧业，各种家畜的大牧群遍于草原，畜牧业成为构成国力的主要资源，开辟牧场扩大牲畜的饲养规模成为蒙元国家的一贯政策。如第一章绪论所述，元朝在淮北地区"分拨牧马草地"（《元史·肖乃台传》），直到忽必烈即位后才禁止将农田占为牧场。明清时期，畜牧业成为淮河流域主要财政经济来源之一，较大的畜禽系谱开始出现，不同形式的畜牧业逐渐形成。

二、淮河流域常规畜禽养殖技术的发展历程及影响

（一）养猪业

1. 养猪业的发展历程

新石器时代，淮河流域是我国各原始文化的交汇点。淮河流域出现原始

农业时，人们便开始从事简单的渔猎活动，家畜养殖业正是在狩猎的基础上发展起来的。河南新郑裴李岗遗址中出土了距今 8000～7000 年的猪骨及陶猪，其形态处于亚洲野猪和现代家猪之间，在安徽亳州富庄等一些新石器遗址中，也发现了不少猪的骨骸。在各地新石器时代遗址出土的家畜骨骼和模型中，也以猪的数量最多，占 1/3 左右。众多发现，说明我国家猪饲养的历史远远超过了 7000 年。1986 年 9 月发掘的安徽定远侯家寨新石器时代遗址中，出土了两件陶塑的猪，该陶猪的形态特征已经很接近现代家猪的特征。同时出土了大量的动物骨骼，其中猪的骨骼占一半左右，可以推测当时侯家寨的先民已开始饲养家畜。安徽蚌埠双墩遗址中，同样出土了大量猪的骨骼，并且发现了更为生动逼真的猪纹刻画，猪的形象更具有原始家猪特点。据此可以推算，淮河中游原始先民们饲养家猪的历史可以上溯到距今六七千年以前。新石器时期发现的家猪饲养历史也间接表明了当时人类农业生产也有一定的发展，因为养猪需要提供充足的饲料，如果当时的农业发展不佳，人们在食不果腹的情况下是很难饲养家畜的。秦汉时期，民间养猪主要采用牧养与圈养相结合的方式，至汉代已普遍实行圈养，增重较快，且有利于积肥。魏晋南北朝以后，仍然主要采取圈养与放牧相结合的方式。明清两代，统治者们都大力提倡民间饲养家畜，这对淮河流域养猪业的发展有巨大的推动作用。

2. 古代先进的养猪理念与技术

（1）猪舍的设计。安徽萧县城西汉墓中出土的陶猪圈呈现四面有墙的封闭式结构，这种设计有两个门，其中一个门通向外界，另一门通向圈舍内。圈舍内，育肥猪和母猪分圈饲喂，这样更便于管理，而且圈养能够有利于肉猪增重。古人自然也意识到了这一点，并且也注意到了适当的运动对猪生长的重要性。安徽全椒曾出土过汉代陶制带有运动场式的猪舍模型，其中猪的起卧室形似农家民居，室外有专门的运动场，场中配备有饲料槽。猪舍与运动场相结合的建造模式即便在现代养猪生产中也十分有益。

（2）科学的养猪方法。殷商时代，古人就发明和推广了阉割牲畜的方法，家畜经过了阉割提高了它的经济价值。几千年来，家畜的阉割技术一直被延续和发展，至今对仔猪的阉割仍然是猪生产中重要的技术环节。秦汉时期，先民们在选育畜禽良种方面就已取得了突出成就。从各地出土文物来看，秦汉时期我国至少已有华南猪、华北猪等 5 个类型的优良猪种。元代鲁明善在寿春（今安徽寿县）为官时，曾著有《农桑衣食撮要》一书，书内记录了饲养家禽家畜需要注意的问题，其中就强调了猪的选种经验，强调选择外形发育良好、生产性能好的猪留为种用，对于生长发育不良、生产性能低下、不符合配种要求的个体，应及时淘汰不作种用，要不断存优留壮，进行猪种改良。此外，鲁明善还提出了一些为满足猪正常发育所必需的饲养管理技术。即便是现在，鲁明善关于猪选种育种的一些理论仍在被不断研究和应用。王祯《农书》曾提到用发酵饲料喂猪的经验，说明当时淮河流域和长江中下游地区的人们已经注意到了发酵饲料的应用，这是养猪技术史上的一项伟大创造。

（二）养牛业

1. 养牛业的发展历程

在淮河中下游地区，都发现了丰富的第四纪动物化石。如安徽萧县关楼（河流沉积）、滁州章广（河流沉积）都相继发现水牛化石，宿州蕲县集、亳州涡阳等地发现犀牛和野牛化石，定远侯家寨遗址发现了野牛化石。众多遗址的发现，说明在古代，原始牛的祖先就曾活跃于沿淮大地。家牛大约在7000 年前由野生原始牛饲养驯化而来。自从野牛被驯化开始，历史上各朝各代都非常重视牛的饲养和管理。特别是在铁制犁出现之后，牛成为耕地的主要劳动力来源，在农业生产中的地位越来越重要。元代大量搜刮民马，民间的畜力运输曾一度以牛为主。元末明初时期由于连年战争，耕牛十分缺乏，为了恢复农业，明朝政府曾大力鼓励农民饲养繁殖耕牛，并且严令禁止屠宰耕牛和对母牛挤奶。清代对耕牛同样采取鼓励饲养政策。由于明清两代都大力鼓励牛的饲养，因此有关牛的记录也比较详尽，当时对于一些牛的品种、毛色、体型都有记录。

2. 牛饲养技术的发展

关于牛的饲养技术，早在2500 年前，古人就指出十月要造牛衣，修牛舍，泥牛室，十一月置碎草牛脚下，等等。宋代陈旉在其《农书·牧养役用之宜》中指出：要上下共同爱护耕牛；要经常保持牛舍卫生防止发生疾病；要注意选择和调制饲料，使牛吃好吃饱；要根据季节适当安排饲养和使役，以防牛受寒暑之害；等等。元代《农桑辑要·孳畜篇》认为：舍饲要与积肥相结合，按照先粗后精的喂法；喂后不久即可使役，不用等到反刍完了才使用；需给牛以休息和刷拭，使之在休息中得到充分的反刍机会；等等。用于牛妊娠诊断的直肠检查法，宋元时也已推广到民间。到明清之际，夏季养牛的饲料采取或用水浸、或用尿浸的经验，这种方法能尽量利用饲料营养，至今不失其实用价值。此外，明清时期牛病著作骤增，母牛产科病在当时已经引起重视，清代包世臣编著的《齐民四术》中就有对母牛助产术的总结。

3. 独特的牛耕文化

牛在古代的主要用途是供役用。关于牛耕的起源，近代学者众说纷纭，一些人认为牛耕可能出现在战国以前，但大部分认为是在战国时期，主要是因为战国时期已经有驯化的牛，另外当时的铁器冶炼技术比较成熟，并且出现了铁制犁。到了秦汉时代，牛耕已逐渐遍及中原大地，从安徽省寿县出土的战国黄牛铸造品和灵璧县出土的战国铁锋犁，可以说明战国时牛耕已出现在江淮及淮北平原。牛耕技术早在汉代已在淮北普遍推广，许多出土文物更可证明自汉代以来2000余年的牛耕发展。今江苏泗洪县的重岗石墓内汉画像中有一幅《农耕图》，生动展现了汉代农业生产的图景，这是淮北地区最早施行牛耕法的物证。唐初李寿墓的壁画则说明早在1300多年前，无论是牛的轭具或耕作技术，都已发展到相当于近代农具的水平。为了更好地驾驶驯服耕牛，古人发明了穿牛鼻的技术，做到牵其鼻而动全身的效果，这种方法至今仍在使用。

（三）养羊业

1. 养羊业的发展历程

山羊被驯化至少已有12000年的历史。新近国外一些考古学家发表的文章认为第一种被人类家养的动物便是羊，最根本的原因是家养羊不需要粮食作饲料，只要草料就行，这种观点在本书第二章也有所提及。考古学家在安徽淮河流域一些旧石器时代遗址中发现了印度羚羊、青羊、山羊等化石。安徽蚌埠双墩新石器时代遗址中出土了羊的化石和骨骼。安徽寿县出土的两座春秋时期遗址中，有羊首铜鼎和绵羊造型的三足羊首鼎，可以推断当时淮河流域的人们已经开始喂养绵羊和山羊。据有关文献记载，从唐代起淮河流域已广泛地饲养绵羊，而且山羊和绵羊混养。元代农学家鲁明善在其《农桑衣食撮要》一书中，就谈到过羊的饲养问题。明初，凤阳县明皇陵神道两侧有石羊四对。石羊两角弯于耳下，呈现半跪卧姿势，可能取"羊有跪乳之恩"，以示朱元璋不忘父母的恩德。明清时期，官府曾大力提倡养羊。

2. 古代养羊技术

元代农学家鲁明善在其《农桑衣食撮要》一书中，曾指出春夏季放牧适合早放早收，秋冬季节不宜早放，羊吃了沾有露水的草容易口内生疮等有关羊群放牧的方法和需要注意的事项，这是对实践经验的概括和总结。明代，一些滨湖地区曾把养鱼和养羊有机结合起来，其方法是把羊圈建立在鱼塘岸边，羊粪扫入塘中喂草鱼和鲤鱼。明清时期的养羊技术有了进一步的提高和发展。用桑叶养羊，以羊粪作为桑树的肥料，这种农牧结合的农业发展模式一直沿用至今。另外还会通过"栈羊"法催肥商品羊。人们也学会了控制羊的配种期，保证母羊在早春时节产羔，还实行揞羊尾术，减少营养消耗。在饲料方面，明清时期人们已经懂得草料的制备以及多次饲喂的方法，并意识到了补充蛋白质的重要性。

（四）家禽养殖

1. 养鸡业的发展历程与关键技术

我国是世界上最早养鸡的国家之一，具有悠久的养鸡历史和丰富的鸡种资源。在淮河流域河南省和山东省一些地方的新石器时代遗址中，就已发掘出家鸡骨骼，说明养鸡的历史可早到距今 8000 年左右，这是目前国内外已知的最早纪录。家鸡最早出现在殷商时代，在殷墟出土的甲骨文中已经出现鸡的象形字。《庄子逸篇》中有"羊沟之鸡，三岁为株，相者视之，则非良鸡也"的记载。可见当时中国就已经出现了"相鸡术"。斗鸡在我国同样有着悠久的历史，《庄子·达生》就记载了纪渻子为周宣王养斗鸡，以供娱乐。这说明我国饲养斗鸡及斗鸡娱乐活动，至少已有近 3000 年的历史。秦汉以后，养鸡业更为发达。淮河流域发掘的许多汉朝墓葬中发现了陶鸡模型。在汉代，养鸡技术已经出现圈养。圈养有利于鸡的育肥，显然这是养鸡技术的一大进步。在一些魏晋时期的墓葬中还出现了古代鸡舍的模型，从出土的鸡舍模型看，大致外形有长方形、坡顶形、卷棚形、半球体形、平顶形五种。有的还分上下两层。由于数千年的饲养，现代家鸡已经与野鸡大不相同，在重量和产蛋量方面都大大提高。包世臣在《齐民四术》中指出："雏初出二十日，饲以燥饭，毋令出笼。"人们通过实践还认识到，给鸡补充矿物质成分的重要性。有将蛋壳捣碎喂鸡的记载，从现代科学来看这样做是为了补充钙的摄入量。

2. 养鸭业的发展历程与关键技术

鸭是我国劳动人民最早驯化的家禽之一。淮河流域古墓葬的出土文物中，常会发现有陶质、瓷质、石质或铜质的鸭形器物。清朝《亳州志》有关鸭的注释称"鸭又名凫"。各地古墓出土的众多陶瓷鸭模型可以反映出淮河流域在漫长的社会发展中，养鸭是农家的一项重要家庭副业。劳动人民都盛行养鸭，主要是因为鸭的多用性，其肉可以食用，鸭蛋可以做成咸鸭蛋，鸭毛、鸭绒更是珍贵的羽绒制品原料。不过对于古人来说，鸭子的作用远不止这些。自古至今，蝗虫都是危害农业生产的"杀手"之一，一旦发生蝗灾，农田必然颗粒无收。明清时期，人们为了对付蝗虫，采用了"畜鸭治蝗"的方法。清代陈九振因大规模开展畜鸭治蝗的措施消灭了蝗灾，被提升为含山县知县。实践证明，畜鸭不仅可以除蝗，而且还可以捕食稻田中的各种害虫，同时有中耕除草的作用。对养鸭业的重视，促进当时出现了一系列的养殖技术方法，如"填鸭"是古代人工强制育肥技术。在雏鸭饲养 60 天时，用含有糖类和脂肪的饲料填喂促进其增重，填鸭育肥法现已成为世界养鸭业的重要饲养技术。强制换羽延长产卵期也是祖先养鸭的又一创举。强制换羽是在家鸭停产后期减少饲料，促进羽毛脱落，脱羽到一定程度后，再把尾羽和翅羽拔下来，然后添加精饲料，加强饲喂促进新羽的生长，如此经过月余，家鸭就开始交尾产卵。

　　3. 养鹅业的发展历程与关键技术

　　鹅是食草水禽，凡是有草地和水源的地方均可放养。淮河流域水草丰茂，很适合放养鹅群。中国鹅由鸿雁驯化而来。《尔雅·释鸟》李巡注曰："野曰雁，家曰鹅。"可以推测，古人从狩猎生活向原始畜牧生产过渡时，就开始尝试对雁进行驯化。《庄子》一书记述了我国民间最早的养鹅记录："命竖子杀雁而烹之。竖子请曰：其一能鸣，其一不能鸣，请奚杀？主人曰：杀不能鸣者。"这里所说的雁推测已是家养的鹅。古代淮河流域的安徽凤阳、天长、滁州、寿县都是当时家鹅的重要产区。这一带饲养的家鹅以吃青菜、生长快、耐寒、合群性为特征，寿命较一般家禽长。皖西白鹅产于霍邱、寿县、六安，早在明代嘉靖年间（公元 1522—1560 年）就有详细的文字记载。据《东坡志林》记述，鹅有三职：警盗、却蛇、祈雨。所谓"警盗"，可能与鹅的祖先雁有关，成群的野雁采食时为防止其他野生动物的靠近会安排"哨兵"负责警戒，遇到危险会鸣叫发出警报。现在的鹅保留了这种原始的警戒性。所谓"却蛇"，是因鹅粪有一股臭味，有驱蛇的作用。至于"祈雨"，并没有什么科学依据，多是古代人民一种美好的想象罢了。

第三节　淮河流域农耕文明对中华农耕文明的影响
——淮河文化

　　淮河文化是吴楚文化和中原文化、游牧文化大融合之后形成的文化，这种地域文化具有兼容性和多样性两个特征。淮河文化的兼容性主要表现在淮河文化并不排斥外来文化，而是与外来文化融会贯通、浑然天成。例如安徽凤台推剧的唱腔板式和唱腔特点，就是在发展过程中不断吸收和借鉴吕剧、晋剧、梆子等特点丰富而形成的。淮河文化的多样性主要表现在不仅式样各异而且品种繁多，在饮食文化、戏剧文化、习俗礼仪等方面都独具特色。

一、淮河流域的饮食文化

（一）饮食文化的同一性

淮河流域饮食文化的同一性主要表现在宴会和季节性饮食方面。婚丧嫁娶作为人生大事，都会举行盛大的仪式，虽然这些仪式的意义各有不同，或是庆祝喜悦或是表达哀思，但都是中华文化传统习俗的重要内容。婚礼习俗中的饮食活动主要可分为赠礼和宴饮两大类，在双方见面、定亲、迎娶各个阶段，宴饮都必不可少，是感情沟通的重要方式，尤其在迎娶的时候，宴饮和赠礼是不可缺少的环节。"亲友来贺，婿家设盛筵，款待迎客、送客和来宾。"清光绪年间《永城县志》记载了举行婚礼时招待亲朋宴饮的盛况，"亲友会饮，常二三百席。百余席、数十席者即为俭约。每席碟十三、碗十，肴馔所费约七八百，仍以酒、馍为大宗"，即婚礼时大摆宴席，多的有两三百桌，少的也有百十桌，酒菜种类繁多。由记录可见当时举办婚礼时的饮食活动异常繁盛。在丧葬活动中，吊丧者会携带火纸、鲜花等到主家吊唁，在淮河流域一些地区主家会对前来吊唁的人行叩首礼以示感激之情，待逝者安葬后主家会摆宴席款待前来帮忙和吊唁的人，以再次表达主家的感谢之意。淮河流域季节性饮食方面，不同时节有不同的特色饮食习惯，但与我国其他地区饮食习惯大致相同，例如清明节饮酒、五月端午节吃粽子、八月中秋节吃月饼等。

（二）饮食文化的差异性

淮河流域地域范围广大，包括淮河水系干流和支流所流经的整个区域，总面积约27万平方千米，涉及今河南、安徽、江苏以及山东和湖北等省。饮食方面有相同之处，但也存在一定差异。即便在庆贺婚礼、庆贺寿礼方面，也不完全相同。淮北地区在主食方面更倾向于面食，这与人们的日常饮食相关。在安徽亳州、阜阳、宿州一些地方，人们日常主食便以面食为主，对淮北地区的人来说，炒菜、馒头、米粥的饮食组合相比于炒菜配米饭更有"吸引力"。其实常说的北方人爱吃面食，南方人爱吃米饭是有一定道理的，这主要与气候条件和地理位置有关。北方降雨相对较少，气候干燥，更适于小麦的生长；南方雨量较大，气候潮湿，水田利于种植水稻。丧葬活动中的饮食方面，南北方也有所不同，有的地方认为办丧事时不宜食荤腥，应该吃素斋，如江苏兴化地区。有的地方饮食则以酒肉为主，如江苏高邮、安徽亳州等地。

二、淮河流域的曲艺文化

曲艺是说唱艺术，在淮河流域流行的曲艺种类与各地方言相联系。就戏曲而言，淮河流域戏曲文学曲种繁多，由于淮河南北两岸地区方言具有一定差异，因此淮河以南和淮河以北的人听戏的选择也各有不同。例如，淮河以北的人喜爱听梆剧，而淮河以南有一部分人听不懂梆剧，因此淮北地区的梆剧没能迅速走向淮南。淮河以南的人们喜爱听黄梅戏、庐剧，而在淮河以北的人听不懂这两种戏，正因如此，这两种戏也一直没能走向淮北。淮河以北的梆剧雄浑高亢，淮河以南的黄梅戏、庐剧委婉细腻，南北戏剧的不同恰恰体现了淮河两岸南北文化独具特色。长期以来，淮河南北文化的交融促进了沿淮地区花鼓灯的出现。从花鼓灯的表演方式来看，不但能感受到北方文化的粗犷，也能体会到南方文化的恬适秀美。花鼓灯的诞生使淮河两岸的人们在文化交流上有了共同的语言。

三、淮河流域的集市贸易文化

（一）乡镇集市的"赶集"活动

赶集是一种民俗活动，也被称为"赶场""赶山""趁墟"，是一种定期聚集进行商品交易活动的形式，是劳动人民生活中必不可少的一项活动。赶集活动的起源很早，明朝谢肇淛在《五杂俎·地部一》中曾写道，"岭南之市谓之虚（墟）……山东人谓之集。每集则百货俱陈，四远竞凑，大至骡、马、牛、羊、奴婢、妻子，小至斗粟、尺布，必于其日聚焉，谓之'赶集'"，足以见古时候赶集的热闹景象。《老残游记》第十九回也有"每月三八大集，几十里的人都去赶集"这样的描写，可以看出赶集具有一定的周期性。实际上不同地方人们赶集的时间各不相同，有的地方两天开一次集，有的地方三天开一次集。在淮北地区有"逢集"的说法，"逢集"与"赶集"不同，赶集是一种活动形式，而逢集指的是"适合赶集的日子"，人们口中说的"隔一天逢一次集"即为集市两天开一次集。

淮河南北两地集市特点各不相同。淮河以南的集市特点是"开始得早，结束得早"，每当集镇逢集的时候，早晨五六点钟就已经开集，八九点钟的时候就罢集了，所以需要赶集的人往往天还没有亮就已经赶到了集上，民间习惯叫作露水集。淮河以北的集市，每到逢集，开集相对晚一些，人们大多是在家里吃了早饭然后赶集，早上九十点钟大概是集市上最热闹的时候，到了中午集市上的人开始逐渐减少，一直到下午两三点钟才开始罢集。安徽北部像亳州、阜阳等地如今仍然保留着这种"赶集"的传统。淮河以南集市交易一早晨，淮河以北集市交易一整天的民风民俗，一直延续到今天。

（二）充满传统气息的庙会活动

庙会又称庙市，是古代宗教和世俗文化的产物，淮河流域一直就有独特的庙会文化。随着时间的推移，庙会的性质也在不断变化，由传统的以宗教祭祀为中心转化为以商品物质交流为中心。在淮北地区每个县、村几乎每年都有各种不同性质的庙会。

数千年的春秋更替，在淮河流域孕育了独具特色的淮河文化。这些优良民俗文化的保留是人类文明进步的重要标志，是对传统文化的继承和发展。淮河流域民俗文化对于人们的生活具有重要意义，除了娱乐意义和文化传承意义，同时还具有相当的现实意义。一些优良的民俗事项和民俗传统，尤其在历史发展中形成的一些好礼俗和道德规范，对人的言行具有某种意义上的独特道德约束力，间接地对社会发展和社会稳定起着重要的整合和促进作用。优秀的民俗文化有助于提高文化自信，同时对群体凝聚力的形成也发挥着重要作用。

第六章 淮河流域农耕文明
与当代乡村振兴

第一节 现阶段淮河流域乡村状况

一、淮河治理有效改善乡村生产生活条件

淮河流域乡村状况与淮河治理密不可分。淮河是我国第一条全面开展系统治理的大河，其治理历程分为三个阶段：第一阶段为旱涝灾害频繁阶段（1949—1978年），国家采取"蓄泄兼筹"措施，开展抗旱防洪等水利工程建设；第二阶段为水质严重恶化阶段（1979—2005年），国家采取提升防洪标准和强力治理污染源措施，进行旱涝灾害和水污染的共同治理；第三阶段为淮河被列入水专项重点示范流域阶段（2006年至今），国家采取控源减排、减负修复、综合调控等举措，全面开展水污染的系统治理。

历史上，淮河流域水灾、旱灾、蝗灾、震灾、疫灾等灾害连年不断，这些灾害不仅对淮河流域地区乡村的水、生物、地质等自然环境造成了严重破坏，而且也对人们的居住、交通、生产等社会环境造成了极大破坏。新中国成立后，党和政府高度重视淮河治理工作，经过70余年的持续治理，淮河流域"大雨大灾、小雨小灾、无雨旱灾"的受灾状况得到极大改善，形成了由水库、堤防、行蓄洪区、湖泊、控制枢纽和防汛指挥系统等组成的防洪减灾体系，具备了抵御流域性较大洪水的能力。

淮河水系作为我国七大水系之一，在农业生产中占据着举足轻重的地位，

淮河流域内日照时间长，光热资源充足，气候温和，发展农业条件优越，流域耕地面积约占全国的12%，是国家重要的商品粮、棉、油基地，素有"中国粮仓"之称。但作为具有闸坝众多、粮食主产、产业高污染高能耗高排放等明显特征的河流，淮河流域治理仍面临严峻的挑战，仍然存在水环境污染压力大、水生态受损严重等问题，这些问题或多或少影响了淮河流域乡村的发展。对此，党和政府在继续加强淮河流域治理的基础上，不断创新污染治理思路与对策，推进产业升级和转型，开展污染源深度处理，分区修复受损河道，净化污染水体，增加水生生物多样性。同时，对闸坝运行进行科学调控，建立和完善流域监控预警长效机制，建立水环境协同管理体系，持续推进淮河流域水资源、水环境、水生态综合治理与流域经济社会可持续发展。时至今日，得益于淮河流域的持续治理，淮河流域乡村生产生活条件得到了极大改善，经济社会发展水平和人们生活质量已经得到显著提升。

需要指出的是，淮河特殊的自然地理条件，以及流域生态保护和经济社会高质量发展的要求，都决定了淮河治理仍然是长期复杂的过程。站在新的历史起点上，认真分析水资源、水生态、水环境、水灾害等实际状况，淮河治理仍面临一些突出问题和薄弱环节。

一是防洪体系存在短板。淮河地处中国南北气候过渡带，气候复杂多变，水旱灾害频繁。流域地形地貌总体上很"平"，90%以上的河流平均比降小于千分之五，流域经济社会发展对防洪的要求高，特别是人口聚集，需要保护1.9亿人、2.2亿亩耕地，包括众多的城镇、村庄的防洪安全。这些因素决定了淮河防洪任务依然繁重。

二是水资源总体短缺。从水资源总量来看，淮河流域多年平均水资源总量只有812亿立方米，不到全国的3%，与人口规模、耕地面积、粮食产量和经济总量来比很不均衡。特别是特枯年份地表水资源量只有多年平均的50%，不均匀性更加凸显。

三是水生态、水环境需要改善。目前，淮河流域水资源开发利用程度比较高，超过60%，部分地区水资源开发利用程度已经超过当地水资源、水环境承载能力，导致水生态环境问题，有的地方生产生活用水挤占河湖生态用水，部分支流断面生态流量保障面临一些突出问题。淮河流域还有一部分地区依赖地下水，地下水超采问题比较突出。淮河流域部分支流、部分河段的水污染问题还是时有发生。坚持问题导向，重视并解决淮河治理过程中出现的一些现实问题，进一步改善淮河流域乡村生产生活条件，是新中国治淮的显著特征。面向未来，国家将按照"节水优先、空间均衡、系统治理、两手发力"的治水思路，下大力气解决好淮河治理存在的突出问题，补足薄弱环节。

二、淮河生态经济带呈现发展新格局

淮河流域区位条件优越。淮河生态经济带贯通黄淮平原、连接中东部，通江达海，与长江经济带地域相连、水系相通，京沪、京九、京广、陇海等国家骨干铁路和长深、沈海等高速公路在此交汇，淮河水系通航里程约 2300 千米，京杭大运河、淮河干流及主要支流航运较为发达。

淮河流域自然禀赋优良。该区域位于我国南北气候过渡带，生物多样性丰富，平原面积广阔，生态系统较为稳定，是我国重要的商品粮基地和棉花、油料、水果、蔬菜等重要产区，湖泊众多，水系发达，水产养殖业和畜牧业潜力巨大，矿产资源储量丰富、品种繁多，是华东地区重要的煤炭和能源基地。

淮河流域发展潜力巨大。人力资源丰富，城镇化和消费市场潜力大。产业体系较为完备，装备制造、有色金属、食品加工等产业集群优势明显，高科技产业和战略性新兴产业发展迅速，军用民用产业融合发展势头良好。毗邻长江三角洲等经济发达地区，承接产业转移的基础条件较好。

淮河流域文化底蕴深厚。淮河流域是中华文明的重要发祥地，拥有楚汉文化、红色文化、大运河文化等丰富多彩的文化资源，国家历史文化名城、国家历史文化名镇名村、全国重点文物保护单位数量众多，群众性文化活动丰富，为新时代弘扬中华优秀传统文化、推动文化事业和文化产业发展奠定了良好基础。

目前，淮河流域有序推进国家《淮河生态经济带发展规划》各项任务的落实，已全面建成小康社会，脱贫攻坚战取得了全面胜利，乡村振兴取得重要进展，主要污染物排放总量大幅减少，生态环境质量总体改善。"十四五"时期，将聚焦生态环保等重点领域，确保到 2025 年，生态环境质量总体显著改善，沿淮干支流区域生态涵养能力大幅度提高，水资源配置能力和用水效率进一步提高，水功能区水质达标率提高到 95% 以上，形成合理开发、高效利用的水资源开发利用和保护体系；淮河水道基本建成，现代化综合交通运输体系更加完善，基础设施互联互通水平显著提升；现代化经济体系初步形成，优势产业集群不断发展壮大，综合实力和科技创新能力显著增强；以城市群为主体、大中小城市和小城镇协调发展的城镇格局进一步优化，城镇化水平稳步提高；"淮河文化"品牌初步打响，基本公共服务均等化和人民生活水平显著提升；协调统一、运行高效的流域、区域管理体制全面建立，各类要素流动更加通畅，对外开放进一步扩大，内外联动、陆海协同的开放格局初步形成，区域综合实力和竞争力明显提高。到 2035 年，生态环境根本好转，美丽淮河目标基本实现，经济实力、科技实力大幅提升，人民生活更加幸福，乡村振兴取得决定性进展，农业农村现代化基本实现，城乡区域发展差距和居民生活水平差距显著缩小，产业分工协作格局不断巩固，基本公共服务均等化基本实现，现代社会治理格局基本形成，建成美丽宜居、充满活力、和谐有序的生态经济带，基本实现社会主义现代化。

当前，国家已将淮河流域生态保护和环境治理放在首要位置，建立健全跨区域生态建设和环境保护的联动机制，统筹上中下游开发建设与生态环境保护，加强流域综合治理和森林湿地保护修复，加快形成绿色发展方式和生活方式，把淮河流域建设成为天蓝地绿水清、人与自然和谐共生的绿色发展带，为全国大河流域生态文明建设积累新经验、探索新路径。通过加快实施创新驱动发展战略，加强分工协作，联手推进科技创新，着力培育新技术、新产业、新业态、新模式，推动产业跨界融合发展和军民融合发展，加快传统产业转型升级，壮大提升战略性新兴产业，培育一批先进制造业龙头企业和优势产业集群，巩固提升全国重要粮食生产基地的地位，促进新旧动能转换和产业转型升级。通过构建大中小城市和小城镇协调发展的城镇格局，增强区域中心城市综合实力，促进大中小城市、特色小镇和美丽乡村协调发展，积极推进新型城镇化综合试点，分类引导农业转移人口市民化，实现产、城、人、文融合发展，完善城镇基础设施，增强公共服务供给能力，推进城乡基本公共服务一体化，全面提高城镇化水平和质量，努力在宜居宜业、城乡统筹发展方面探索新模式新路径。立足上中下游区域比较优势，发挥淮河水道和新亚欧大陆桥经济走廊纽带作用，促进基础设施对接、合作平台共建、基本公共服务共享，全面深化区域合作交流，引导资金技术向内陆腹地转移，营造与国内外市场接轨的制度环境，加快构建全方位、多层次、宽领域的开放合作新格局，形成联动中东部、协调南北方的开放型经济带。

三、淮河文化焕发新时代光彩

淮河流域是中国南北文化转换、交流、融合的核心地带，中原文化、楚文化、吴越文化、齐鲁文化在这一区域内交汇、碰撞和融合，形成了具有独特区域文化特征的淮河文化。淮河是中华文明的发祥地之一，在距今10000～5000年的新石器时代，淮河流域就创造了独特的区域文化，显现出多姿多彩的文明曙光。淮河文化吸收周边文化因素并向外传播本区域文化，这种良性互动不仅在沟通南北、连接东西的文化交流中发挥着重要作用，而且也为中华文明5000年历史传承打下了坚实的基础。淮河文化在中华文化发展和传承过程中具有特殊重要地位，淮河流域是中国文化精神阐发的根据地。淮河与黄河水系相通、地形相近、风俗相似，成就了四方文化的风云激荡和交流汇合，共同缔造了中华文化。《淮南子》是一部体现内涵丰富、博大精深、绵延2000多年经久不衰的淮河文化的瑰宝，二十四节气的形成经过了漫长岁月，最终在西汉淮南王刘安的《淮南子·天文训》中得以全部完成。2016年11月，中国申报的"二十四节气"列入联合国教科文组织人类非物质文化遗产代表作名录，这是淮河文化对中华文化的又一重大贡献。淮河流域还拥有丰富且具有地域特色的红色文化。举安徽为例，以金寨县革命博物馆、中原局会议旧址等革命战争遗址为代表的红色物质文化，以坚定的理想信念、大无畏的牺牲精神和《八月桂花遍地开》红色经典歌曲等为代表的红色精神文化，集中体现了淮河儿女不怕牺牲、不畏艰难、勇于斗争的革命精神。

　　加强对淮河文化的研究和创新，正在成为淮河儿女新时期的重要使命。淮河流域是目前出土文物、文献中记载人类居住最早的地方之一，淮河流域也是炎帝部落长期治理的区域，淮河流域全程见证了华夏文明的传承和发展。因此，将淮河文化纳入中华文化发展史，明确淮河历史文化的地位，加强对淮河文化的研究，通过挖掘淮河文化元素、特色文化资源，进一步丰富淮河文化内涵，把握淮河文化发展方向，让质直少文的农耕文明和重质的道家文化走向文质的统一。特别要通过分析总结淮河文化，发现淮河文化的发展规律，让深厚的淮河文化为淮河区域经济的发展注入动力，进一步推动淮河流域的文化繁荣和发展。创新发展是淮河文化繁荣发展必不可少的路径，推进淮河文化创新发展，必须要坚定文化自信，将弘扬中华民族优秀文化与社会经济发展紧密联系，激发乡村民众的文化创作热情，让他们创作出更优秀的文艺作品，在淮河流域范围内进一步营造良好的文化生态环境，鼓励社会大众推出具有原创性的文艺作品。在互联网时代，要在传统媒体宣传的基础上，通过新媒体加大传播力度，在国内外知名的媒体平台宣传介绍淮河流域和淮河文化，用鲜活的案例，生动的镜头和图片，全方位展示淮河文化，从而进一步激发社会对淮河文化的关注和认同，加大网络宣传力度，利用微信、QQ、微博、今日头条等新媒体平台，全方位立体化传播淮河文化。

进入新的历史时期，淮河文化浸润熏陶着淮河流域广大乡村，正在焕发出新时代光彩。溯源中华文化，阐释淮河文化的历史地位，深化淮河文化对中华文明起源以及早期文明交流发展的认识，进一步增强淮河儿女对淮河文化在全国重要地位和影响力的认识，以文化自信和文化软实力助推淮河流域乡村经济社会全面发展。淮河人民紧紧抓住"水文化"特质，发挥"水文化"开启智慧、开阔胸怀、激励奋斗的功能，进一步增加经济社会发展的文化含量，加快经济社会发展的步伐。放眼淮河两岸，传承创新淮河文化，培育城市文化，弘扬厚德文化，营造诚信商业文化，创新产业文化，弘扬开放包容文化，促进经济转型发展，促进淮河经济带、城市群协同集聚发展，淮河文化正在焕发出新时代更加夺目的光彩。

四、淮河流域乡村发展存在的困境

当前，淮河流域乡村发展与城市相比仍存在较大差距，劳动力成本增加，传统耕作方式不适应现阶段市场经济模式，传统的以家庭为单位的生产方式，由于外出务工人数的剧增濒临瓦解，留守儿童、留守老人、留守妇女数量增加，传统的伦理观念发生变化，新技术的普及运用以及市场经济高速发展对农村经济乃至民众思想产生极大冲击。虽然我国已打赢脱贫攻坚战，但是要全面实现乡村振兴，仍需要高度重视和充分认识淮河流域广大乡村发展存在的困境。

（一）产业发展不容乐观

目前，淮河流域部分乡村产业发展艰难，乡村经济发展以农业种植、畜禽养殖、乡村旅游、土地租赁为主，对经济发展的推动作用相对有限。农业种植受到自然条件、市场需求等影响，面临收成差、与市场需求矛盾、出售渠道不畅、附加值低等问题。有的地区农产品缺乏多样化的销售渠道，存在丰产不丰收现象。畜牧养殖业受到禽流感、猪瘟等疾病困扰，养殖人员缺乏专业的预防治疗知识，一旦受到影响，畜牧养殖业投资者就会因为动物疾病、市场价格等不稳定因素带来经济上的损失。近年来，兴起的乡村旅游正面临缺乏定位、客源有限、宣传力度不足、资金短缺、缺乏专业人才等问题，无法保持长期稳定的发展，大量的资金投入难以得到相应的回报，导致资金和人力的浪费。无论是种植业、养殖业还是旅游业，都在人力、资金、技术、市场等方面面临一些困难，乡村经济发展还没有完全做到因地制宜，产业定位模糊，农产品品牌优势不突出，经济潜力有待挖掘和激活。

（二）经营管理落后

面对当前发展迅速的市场经济，农村经济发展缺乏有效指导，基层组织作为乡村经济发展领头者，缺乏对经济大方向的把握，缺乏对经济发展形势的分析和研判，缺乏对乡村发展方向的准确定位。面对现代化、信息化的管理模式，管理人员接受能力不足，接受新事物能力有限。农村集体经济缺乏完善的管理制度，尤其在决策、监督、激励方面没有建立合理机制。在没有完善的经济管理机制下，经济发展重大事项的决策权缺乏民主性和科学性。特别是资金的收入和支出情况缺少透明度，容易滋生腐败，导致公共资金私有化。

（三）环境问题突出

近年来，虽然国家对广大乡村的生态环境治理投入大量资金和技术，但是生活垃圾、工业污染、畜牧养殖业的污水粪便依然是乡村生态环境治理的难点，直接或间接地影响乡村经济的发展。广大乡村对于生活垃圾只是用简单填埋的方式处理，这样极易导致村庄里苍蝇蚊虫较多，空气质量差，同时垃圾不分类也会带来大片土地污染和地下水污染。畜牧养殖业带来的粪便与污水，更是含有大量的有机污染物、氮、磷等，会严重污染土壤和地下水，给民众的身体健康和生活生产带来巨大危害。农村厕所革命实施以来，农村一户一厕所、旱厕臭味随风飘的现象有所改善，但是部分乡村并没有彻底消除旱厕，仍然使用传统的厕所。随着工业化的发展，部分工厂转移到乡村，由于技术和资金不到位，导致工厂对于废水和废气的处理方式单一，造成周围地区污染。

（四）劳动力人口流失严重

随着城镇化的发展，乡村人口流向城市，造成劳动力人口流失，青壮年劳动力匮乏。由于城市工作机会较多，收入水平高，教育资源优越，乡村青壮年劳动力离开农村，大量涌入城市，乡村留下的大都是年纪较大、劳动能力弱的空巢老人和部分家庭条件较差的儿童，老龄化问题严重，留守儿童过多，微薄的经济收入主要依靠种植庄稼，不仅付出多，而且收入少且不稳定。而对于 90 后年轻人来说，城市一直都是年轻人的坚定选择，大学毕业后大多选择留在城市里安家置业，对农村不了解，对农业不精通，父母也支持他们留在城市并竭尽一切帮助孩子在城市买房定居。显而易见，农村地区严重的人口流失，造成劳动力短缺，人才缺乏。

（五）基础设施亟待完善

乡村的水、电、网络、物流、交通等基础设施不完善，对村民生活和生产无法提供便利条件。部分乡村还达不到家家户户有干净的自来水喝，时常断电，网络信号不好，物流无法到达村庄，这些问题的存在造成村民生活不便，居住幸福感低，缺乏良好的生产环境，阻碍产业发展，经济效益差。加上教育资源和医疗资源的紧缺，使得城乡发展不平衡问题突出，对广大乡村的排斥力和对城市的吸引力表现得尤为明显，许多民众和第二产业也都迁移到离城市较近的地区发展。

（六）封建残余思想有所抬头

由于两千多年封建社会的影响，现代社会仍可以看到封建残余思想，尤其在广大乡村，落后、错误的封建观念盛行，直接或间接影响到广大乡村经济的发展，给整个社会带来一定危害。在淮河流域部分乡村仍然存在重男轻女现象，重视男孩的学习与教育，对于女孩却持无所谓的态度，甚至有些民众生病不主动求医、不求助于科学，却试图依靠巫神诡术消除身体疾病。本流域部分乡村民众过分看重面子、爱显摆，在婚丧嫁娶事宜上花费过多，大操大办，浪费金钱，出生宴、周岁宴、成人宴、生日宴、升学宴盲目跟风、相互攀比。

淮河流域乡村发展存在的困境是乡村振兴不能绕过的现实问题，必须把广大乡村经济社会发展放在重要位置，正确认识经济社会发展所面临的困境，进一步加强基础设施建设，完善经营管理体制，加强人才队伍建设和乡风文明建设，推动产业振兴，促进广大乡村经济社会健康持续发展，经过全社会、多主体共同努力，淮河流域乡村发展一定会呈现出向上向好的发展态势。

第二节　淮河流域农耕文明与当代乡村振兴

2013 年，中共中央首次提出"精准扶贫"理念。2017 年，党的十九大报告明确提出"乡村振兴战略"。2018 年，中共中央、国务院印发《乡村振兴战略规划（2018—2022 年）》，按照产业兴旺、生态宜居、乡风文明、治理有效、生活富裕的总要求，对实施乡村振兴战略作出阶段性谋划。2022 年，党的二十大报告强调全面推进乡村振兴，坚持农业农村优先发展，加快建设农业强国，扎实推动乡村产业、人才、文化、生态、组织振兴。

与全国其他地区一样，淮河流域乡村同样具有自然、社会和经济特征，兼具生产、生活、生态、文化等多重功能，与城镇互促互进、共生共存，共同构成人类活动的主要空间。乡村兴则国家兴，乡村衰则国家衰，而我国人民日益增长的美好生活需要和不平衡不充分发展之间的矛盾在乡村最为突出，我国仍处于并将长期处于社会主义初级阶段的特征很大程度上表现在乡村。全面建成小康社会和全面建设社会主义现代化强国，最艰巨最繁重的任务在农村，最广泛最深厚的基础在农村，最大的潜力和后劲也在农村。实施乡村振兴战略，是解决新时代我国社会主要矛盾、实现"两个一百年"奋斗目标和中华民族伟大复兴中国梦的必然要求。同时，实施乡村振兴战略是传承中华优秀传统文化的有效途径。中华文明根植于农耕文化，乡村是中华文明的基本载体，乡村振兴和乡风文明是保障。实施乡村振兴战略，深入挖掘农耕文化蕴含的优秀思想观念、人文精神、道德规范，结合时代要求在保护传承的基础上创造性转化、创新性发展，有利于农耕文化在新时代焕发出乡风文明的新气象，进一步丰富和传承中华优秀传统文化。面对这一新形势和新任务，发掘传承并弘扬淮河流域农耕文明，推动乡村全面振兴，奋力开创农村工作新局面，具有重要的现实意义和深远的历史意义。

淮河流域农耕文明主要包括以下五个方面内容：一是勇于创新勇于发现精神；二是安贫乐道的生活观和德先于功的社会评价观；三是团结互助、敬老爱幼的家庭伦理观；四是耕读传家的优良传统；五是敬天法古、尊重自然精神。下面，围绕这五个方面分析淮河流域农耕文明与当代乡村振兴。

一、坚持勇于创新勇于发现，不断发展壮大乡村产业

在借助淮河流域农耕文明推进乡村振兴进程中，必须突出勇于创新勇于发现精神，以制度、技术和商业模式创新为动力，推进淮河流域乡村一二三产业交叉融合，加快发展根植于农业农村、由区域农民主办、彰显地域特色和乡村价值的产业体系，推动乡村产业全面振兴。主动把握城乡发展格局发生重要变化的机遇，培育农业农村新产业新业态，打造农村产业融合发展新载体新模式，推动要素跨界配置和产业有机融合，确保淮河流域农村一二三产业在融合发展中同步升级、同步增值、同步受益。

（一）发展壮大乡村特色优势产业

充分利用当地资源优势，结合历史文化要素，合理开发和利用优势特色

资源，推动乡村特色产业发展。打造有鲜明特色和独特优势、市场竞争力强的农业优势区，形成特色产业集群，建设现代农产品品牌，以产业振兴推动区域经济繁荣。一是做强做精乡土特色优势产业。因地制宜发展特色种植和养殖，合理保护和开发地方农产品品牌和农业资源，建设农业特色区域和特色农产品基地等，发展以标准化工厂和生产车间为特征的现代化农业，发展特色食品、制造业、手工业、绿色建材等地方产业，合理保护和开发各种乡村文化遗产资源。创新农业生产组织形式，将种植养殖业的发展方向定位为规模化、标准化、品牌化和绿色化，产出绿色优质农产品。二是大力发展休闲农业和乡村旅游。发展乡村旅游是乡村发展转型和农民致富的重要渠道，充分利用田园风光、自然生态和资源禀赋优势，建立旅游、文化和生态融合发展模式，促进农林牧渔、旅游、文化、医疗等产业的共同发展。在此基础上，通过乡村旅游使农产品商品化、特色化，打造具有地方特色的旅游品牌，使农特产成为旅游产品，通过电子商务平台，增加农村生态产品的附加值，对优势项目实行股份制管理，形成大型餐饮、住宿、体验项目。三是打造智慧农业。应用互联网、云计算、大数据、物联网技术以及5G网络等先进技术，在农业生产过程中进行智能感知和分析决策，同时由专家进行远程在线指导，建立智能预警系统，从而实现生产精准化和智能辅助决策化。在主流电商平台上自办基地、自建网站、自销渠道，推进农产品市场化营销和品牌化经营，实现农业产销的订单化、流程化和网络化。智慧农业的发展有利于提高农业生产经营决策水平，增强抵御市场风险能力，节约成本、提高效率，从而大幅提高经济收益。四是大力发展创意农业。创意农业是农业现代化的新视角和新趋势，要主动运用现代高新技术发展农产品加工业，创新农村服务业，将艺术元素融入科技应用，提高农产品附加值。突出文化元素在创意农业发展中的应用，挖掘利用当地农业文化资源，引导创意农业特色发展，提升创意农业内涵。推进农业、旅游、医疗、教育等产业深度融合，对农业产业链进行设计和创新，培育和创造多功能创意农产品，推进创意农业产业化。把创意农业发展与美丽乡村建设有机融合，与农业生态建设协调推进，培育一批引人注目的创意农业景观，把"绿水青山"真正变成"金山银山"。

（二）发展多种类型新业态和新模式

深入推进淮河流域农村一二三产业融合，大力发展县域富民产业，推进农业农村绿色发展。以第一产业为基础延伸产业链条，拓展到二三产业，打通一二三产业界限，发展新兴业态。产业融合就是推动第一产业向上流动到附加值较高的二三产业，从而形成三个产业交叉互通的新形态。从实物形态看，是发展农业生产、加工、销售、观光、休闲、体验等多种产业；从价值形态看，是通过技术进步和产业融合，增加农村产业收益和农民收入，关键是让农民在产业链延伸、价值链提升中获得更多收益。促进农村一二三产业融合发展，就是要培育多种类型的新业态和新模式，通过加快开拓创新、向外延伸拓展的步伐，以新理念、新视角、新举措发展农业新业态，使其成为农村新兴产业增长点，实现多种产业融合，推动农林文旅卫一体化发展，使其成为农业和乡村优先发展、综合发展和高质量转型发展的新动力。具体模式有：一是实现农业、旅游和休闲融合发展，深入挖掘农村休闲农业发展潜力，推进休闲农场、田园综合体、美丽村庄建设，打造集农耕体验、田园观光、旅游观光为一体的乡村旅游产业。积极建设和申报中国美丽休闲乡村、全国生态文化村和国家农业公园等，积极举办乡村旅游节，打造旅游市场热点。二是实现农业、文化和旅游融合发展，推进农业、文化、旅游产业融合，深入挖掘农业和乡村文化要素，结合文化创意产业的发展逻辑，发挥创意和创新思维，以科技、人文等要素带动农业和旅游业。三是实现农业、康养和旅游融合发展，通过发展绿色、有机和符合生态保护要求的种植养殖业，研发有一定养生、保健功能的健康食品，开展具有农业耕种、食品生产和餐饮行业体验的乡村旅游观光项目，从而建立生态健康食品的完整产业链。四是实现林业、旅游和康养融合发展，依托森林资源，充分发挥森林养生功能，重点发展林业旅游和森林养生，将优质林业资源与现代医药有机结合，开展一系列有益于人类身心健康的活动，如森林恢复、疗养、保健和休闲等。

（三）激活各类资源要素推动乡村产业振兴

实施淮河流域乡村振兴战略的核心任务是以质量、绿色、品牌和科技四要素实现农业振兴。围绕质量、绿色、品牌和科技兴农战略，促进农业高质量发展，增强农业整体转型升级和高质量发展的内在动力，实现乡村可持续发展，发展乡村独具特色的优势产业，打造自有农业品牌，逐步建立具有高产品质量、高产业效率、高生产效率、高经营者素质和较强国际竞争力等特征的现代化农业体系，实现中国特色农业现代化。

推进绿色农产品的质量体系建设，加快绿色标准化基地建设，建立健全绿色农产品的生产技术规范和标准体系，从源头上保证农产品质量。一是培育提升农业品牌。高质量农业发展必须以品牌建设为先导，从顶层设计到各环节进行系统部署和推进，通过品牌建设，实现产业优势和市场优势，加大农产品品牌推广力度，推动区域公共品牌、企业品牌、大宗农产品品牌、特色农产品品牌等共同发展，建立农产品品牌目录体系。二是推动农业科技创新升级。农业现代化关键在科技进步和创新。因此，应找准农业科技突破口，通过科技创新解决制约乡村农业发展的突出问题，推动我国农业科技水平的全面提高。推动智能农机与智能农业协调发展，推动植保无人机、无人农机、农业机器人等新型装备应用于规模化种植养殖领域，加快我国农业资源数字化，建立完善的农业资源数据库，依托互联网企业和涉农企业数据库，建立服务于农业管理的公共平台，提升地方政府的信息化管理和服务水平，鼓励农业生产数字化转型，全面提高数字技术在农产品生产、质量监控和贸易物流领域的应用水平。

（四）构建现代农业经营体系

改革土地制度和经营制度，探索实行土地承包股份合作制，对农业土地资源进行整理和配置，创新经营模式，通过集体经营、委托经营、合作经营等提升集体经济发展能力，确保集体资产保值增值。实现土地承包权和经营权的分离，通过法律明确界定农户经营权与承包经营权相分离时双方的权利和义务，双方约定的合同受法律保护，取得经营权的农业生产者有经营农地并获得收益的权利，在自愿、依法、有偿的原则下推进土地流转，通过流转提高土地经营效益，并以此为基础，培育现代农业体系的经营主体和市场主体，推动农业市场化水平，在扩大经营规模基础上提高农业生产率，实现规模报酬。

培育多元化的乡村产业经营主体。一是鼓励乡村大中专毕业生、在乡和返乡农民建立农民合作社和家庭农场，成为乡村产业经营主体。落实金融项目资金直接投入农民合作社，创新金融支农方式，支持农民合作社和家庭农场获得土地经营权。二是制定和实施财税、金融、人才等扶持政策，重点培育、引进和扶持一批高起点、规模化龙头企业，建立龙头企业、合作社和农户的共同发展模式，鼓励和支持龙头企业通过订单农业和示范基地带动合作社和农民开展标准化规模化生产，努力打造产业化联合体。支持具有比较优势的龙头企业盘活股本，实现不同地区、行业和所有制间的合作。发挥龙头企业优势，加强产业链建设，优化供应链管理，建立完善的农产品营销网络，提高产品竞争力和经济效益。三是发挥供销合作社、行业协会和产业联盟、农业产业化联合体的积极作用，在农资供应、农产品流通、农村服务等所有环节提供优质服务，积极培育大型农产品加工流通企业，支持流通模式和业态创新,建设国家和地区电子商务平台。鼓励乡村产业经营主体和农业院校、科研院所共同组建产业联盟,成员共同研发新品种、创新生产技术等,在科技成果成功产业化后实现经济效益共享。

二、坚守安贫乐道的生活观和德先于功的社会评价观,健全现代乡村治理体系

历史上,我国乡村上层管治属官本位管理,而下层自我管治则属于乡村自治,这是一种成本较低却又稳定的国家二元体制,与我国固有的传统政治文化和社会结构密不可分。传统乡村自治源于共同外部风险而逐步形成的村民向心力和凝聚力,主要依靠乡村内生治理力量和乡规民俗来维系和发展。一方面,传统乡村内生治理力量是封建社会在农村的基石,主要涉及乡绅阶层、宗族势力和保甲制。自古我国广大乡民就特别注重人情乡情,突出强调传统道德的约束,一旦出现家庭婚姻问题、邻里矛盾、乡间纠纷等大事,要仰仗德隆望尊的乡绅或宗族势力来介入,乡绅或宗族势力不但承担着传承文化、教化乡民的责任,而且可以直接参与地方性的教育和管理,甚至直接主宰普通乡民的命运。另一方面,乡规民约是维系和凝聚乡村共同体的重要力量。传统乡规民约由乡民自动自发地制定,负责处理治安、经济、社会、教育和礼俗等各种乡村问题,倡导"德业相劝、过失相规、礼俗相交,患难相恤"的自治理念,具有浓厚的中华传统文化底蕴,这不只是一套行之有效的地方治理制度,而且体现出一种乡村自治的精神,是由人民自己主动起草创立的成文法则,它虽未上升为法律,但契合了乡情和民愿,对促进现代乡村自治,进一步完善和发展中国特色社会主义基层民主,具有重要的现实意义。

目前,我国乡村治理还存在一些突出问题。新中国成立以来,历经三大改造、土地改革和人民公社化运动,农村宗族势力作为反动封建势力的政治和经济基础已不复存在,在社会主义建设中,长期的阶级斗争、高度集中的政治体制以及一段贫穷落后的状况,特别是"文革"期间阶级斗争扩大化,使农村宗族活动趋于消失。改革开放后,宗族势力在农村有所抬头,对农村基层的社会稳定、民主政治、经济发展等构成多重影响。同时,淮河流域大批青壮年离开农村,走向城市,这一群体对自我价值、生存目的、发展方向等有着强烈的自我意识,不可避免地导致了乡村集体意识的淡漠和疏离,减弱了村规乡俗的约束力,使传统乡村的凝聚力趋于弱化。改革开放以来,随

着工业化、信息化、城镇化和农业现代化进程的加快，直接带来了工农之间、城乡之间、市民与农民之间关系的重大变化，促进了"三农"工作在新时期的转型发展，建立健全现代乡村治理体系已经成为时代发展的必然要求，具体分析如下：

（一）以乡村自治构建适合区域特点的社会治理方式

从整体来看，传统乡村自治比较倚重精神因素，易于构成具有较强核心力和凝聚力的共同体，得到乡村普通民众的心理认同，规范和约束着人们的思想与行为，逐渐形成比较完善的价值体系和能够为村民自觉遵守的公序良俗，易于使家族文化和乡村文化得以绵延永续，充分发挥稳定社会、维护民生、凝聚人心和规范行为的主体作用，是广大乡村积极有效的治理方式，这是现代乡村治理中理应充分吸收和借鉴的有益经验。自治是乡村治理体系的基础，村民是乡村治理的主体。村民自治制度是广大农民群众直接行使民主权利，依法办理自己的事情，创造自己的幸福生活，实行自我管理、自我教育、自我服务的一项基本社会政治制度，其核心内容是民主选举、民主决策、民主管理、民主监督。

（二）以乡村德治促进乡民形成正确的生活观和价值观

我国历代都重视发挥道德教育在治国理政中的地位和作用。社会主义市场经济下，淮河流域传统自给自足的自然经济被逐步打破，传统农业正转变为现代农业，这意味着农民的生产和生活方式都发生了深刻变化，农民不再是一种被赋予的身份，而是一种自由选择的职业。乡村区域具有相互依存关系的社会空间，因不同原因、不同方式，可以不断重组成为彼此密切关联的生存空间。乡村德治正是支撑和维持这一空间正常运行的精神动力，通过道德教育，确保农民能够从内心接受和认可外在客观的伦理秩序和道德规范，并自觉遵守和执行，有效发挥道德教育的功能和作用。

（三）以乡村法治规范乡村生产生活秩序

塑造乡村规范秩序，必须完善乡村法治。一是以社会主义核心价值观为引领，培植良好的农村法治文化，提供一定的人力、物力和财力，建设一支稳定高效的涉农法律人才队伍，积极开展大规模的群众性普法宣传教育活动，加强对村干部的法治教育和培训。二是利用信息化渠道，创新法治文化建设内容、形式和手段，增强广大农民的法律意识、法治观念和法治信仰，真正信法、尊法和懂法，自觉学法、守法、用法和护法。三是建立健全党组织领导的自治、法治、德治相结合的领导体制和工作机制，发挥群众参与治理主体作用。四是创新和完善村务公开民主管理机制，紧紧结合农村发展新形势，积极探索"村务网上通""村干部责利权公开"等新方法和新途径。五是村委会要在政府和村民之间起到桥梁作用，完善协调沟通、协商民主和利益诉求机制，扩大村民民主参与范围，增强村民的自我管理、自我教育和自我服务能力。

（四）以乡村善治健全现代乡村治理体系

治理与管理的最大差别在于管理是自上而下的执行体系，而治理则是多种群体通过多元互动才能达到的稳态结构。治理有好有坏，良好的治理即善治，体现的是以人为本。乡村善治目标是构建自治、法治、德治相结合，完善有效、多元共治的新型乡村治理体系，由政府主导，实现党组织领导、政府治理、社会参与和村民自治之间的分工合作、良性互动和运行协调的共治，最终实现农村治理体系和治理能力现代化。善治可以通过还政于民，引导农民自愿参与和积极合作，赋予农民更多的机会和权利来参与政府对乡村公共政策的管理，可以有效保障城乡公共政策对于公正性的维护，促进城乡公共利益最大化

根据上述分析，传承和弘扬淮河流域农耕文明，坚守安贫乐道的生活观和德先于功的社会评价观，助推广大乡民树立正确的人生观、世界观和价值观，进一步建立健全现代乡村治理体系。一是建设治理有效的善治乡村。加快构建党组织领导的乡村治理体系。加强基层政权人才队伍建设，开展乡镇机构改革，构建简约高效的基层管理体制，健全农村基层服务体系，夯实乡村治理基础。实行乡村治理标准化建设，创新"区域人居环境整治模式"、"村民理事会"全覆盖、"综治户长制"。发挥村规民约作用，全面实施"四议两公开"制度，加快自治乡村建设。提升乡村法治水平，推进乡村德治建设，完善县乡村三级综治中心功能和运行机制，建设平安乡村、信用乡村，创建一批乡村治理示范县、示范乡镇和示范村。二是建设乡风文明的人文乡村。加强农村精神文明和思想道德建设，弘扬和践行社会主义核心价值观，大力推进乡村移风易俗，引导农民向上向善、孝老爱亲、重义守信、勤俭持家，推动形成文明乡风、良好家风、淳朴民风。以淮河流域特色小镇、美丽乡村建设为载体，深入挖掘乡村特色文化符号，保护传统村落和乡村风貌，盘活地方和民族特色文化资源。培育积极健康、多姿多彩的乡村文化形态，健全乡村公共文化服务体系，增加优秀乡村文化产品和服务供给，活跃繁荣

乡村文化市场。三是建设生活富裕的共富乡村。促进小农户与现代农业发展有机衔接，加快培育新型农业经营主体，健全农业专业化社会化服务体系，建设一批农业专业合作社和家庭农场。实施乡村振兴人才成长计划，提升农民科技文化素质，拓展农民外出就业和就地就近就业空间，农村居民人均可支配收入增速高于城镇居民收入增速，逐步缩小城乡收入差距，进一步发展壮大村级集体经济。

三、秉持团结互助敬老爱幼的家庭伦理观，繁荣发展乡村文化

淮河文化在形成与发展过程中，不仅受到特定历史环境的影响，而且与中原外来文化的入侵有关，造就了中华文化的大融合，谱写了催人奋进的治淮史诗。分析研究淮河文化形成的历史渊源，大都认可受到中原文化、先秦诸子百家文化和曹魏政权的影响。

在淮河文化的熏陶下，淮河流域乡村文化呈现出地域特色比较突出的文化区系，之所以特色突出，主要是在自然地理和人文地理上都起着承接南北的关键作用。在地理位置方面，淮河干流发源于河南省桐柏山的太白顶，流经河南、湖北及安徽，汇集沿途百溪而入江苏省的洪泽湖，再经洪泽湖调蓄后入江入海。根据地形和河道特性，淮河可分为上、中、下三段，其中，从桐柏山源头到河南、安徽交接的洪河口为上游，落差 174 米。从洪河口到洪泽湖出口处的中渡是淮河的中游，河道平缓，落差仅 16 米。从洪泽湖出口处的中渡到三江营是淮河下游的入江水道，落差 6 米。从文化传统来看，淮河流域文化成型于春秋战国时期，当时淮河流域诸侯国林立，自春秋中期开始，在江汉流域崛起的楚国向东拓展，吞并淮河上游的一些小国，在长江下游崛起的吴国则向西拓展，与楚国争夺群舒及淮河中下游地区。越灭吴之后，楚国继续东扩北上，公元前 256 年灭鲁，势力范围触及泗水流域，中原文化、楚文化、吴越文化在淮河流域交汇融合。自公元 12 世纪黄河南泛，宋金战事不断，在水患战祸交加的历史时期，淮河两岸成为南北人口迁徙的聚散之地，伴随着人口的流动，南北文化在这个特定的地理环境中，自然过渡融合，吸纳兼容，形成具有鲜明地域特色的文化特征。因此，无论从自然地理还是从人文地理来看，淮河流域均属于过渡地带，呈现出"文化过渡"和"文化交融"的特征，这为淮河流域乡村文化的形成铺设了底色，同时也为淮河流域村落文化区属的划分提供了依据，即淮河流域村落文化属于交汇过渡型文化。

淮河流域乡村文化有如下基本特征：

一是山水文化属性。淮河流域文化是以淮水为基本概念、基本内涵和纽带予以命名的。因此，水是淮河流域文化的核心词汇，也是淮河流域文化发生的本源。淮河流域村落文化作为流域文化，自然与水紧密相连。就淮河流域村落的形成来说，也是先民沿河而居的结果，因为河泽地带是人类祖先获得水源、水生动植物以及适宜生存的土壤和气候、发展畜牧业的必要条件，因水而居、因水而聚正是淮河流域诸多村落共同的聚落形态特征。同时，淮河流域涌现了老子、庄子等代表中国伟大智慧的人物，这与淮河流域的居住形态、生活方式、社会环境有着一定关系，也印证了我国古代"仁者乐山、智者乐水"的说法。同时，水与山又往往相偎相依、紧密联系，淮河流域山水资源丰富，依山傍水自然成为诸多村落选址的首选条件。淮河上游地区由于山川众多、水系发达，诸多村落依山而建，呈散点式布局，如繁星点点。淮河中游地区，为黄淮大平原的一部分，地势平坦，村落多因宗族形成聚落，呈面状布局。在淮河下游地区，水网交错，渠道纵横，村落多据水而成，呈线状布局。围绕村落的山山水水，形成了村落的营造文化，体现出村民对于村落山水环境的理解和适应。

二是多元的乡村文化形态。淮河流域的南部和北部地区分别与长江流域的北部地区和黄河流域的南部地区相互交汇，历史上也常常因河道水利变动而使流域界线发生变动，显示出区域文化的丰富、深厚及与毗邻地域文化的交融。淮河流域文化除了具有本流域文化的特征外，还有明显的中原文化、黄河文化的特征，还受到长江文化、楚文化的影响。同时，由于历史上水路、陆路交通的发达，外域文化也传播渗入淮河流域，如佛教文化、基督教文化、伊斯兰教文化等。所有这些构建起流域内部各式各样的文化形态，并由此影响到乡村文化，使淮河流域的乡村呈现出多元共生的文化形态。最为突出的是淮河流域乡村民众生产生活方式的多元共生。如在淮河以北为麦田、淮河以南为稻田，麦作文化与稻作文化并存，相应的在饮食文化方面也是米面兼有，在淮河上游的息县即有"有钱难买息县坡，一半干饭一半馒"之说。花鼓灯、花鼓戏是淮河流域乡村最为典型的民间艺术文化形式，同时各地区又具有地方特色的其他民间艺术文化形式，如豫剧、淮剧、皮影戏等。在淮河上游一些村落的丧葬仪式中还演唱"杠天神"仪式音乐等，这正是淮河流域乡村民间祭祀文化和信仰文化的反映。

三是有容乃大的乡村文化精神。中原文化、楚文化、吴越文化、齐鲁文化等诸文化的融会形成了吸附、融合、创新、多元等特征。反映在淮河流域乡村文化方面，无论是村落的选址和建筑艺术、村民的生产生活方式，还是村落中的家庭和信仰文化、习俗和节日文化、制度和行业文化、造物和生态文化，既有中原文化的中庸尚和、楚文化的浪漫潇洒，也有吴越文化的灵动睿智、齐鲁文化的崇礼重儒，彰显了有容乃大的村落文化精神。事实上，这种有容乃大的文化精神，与淮河水是紧紧联系在一起的，历史上，淮河哺育了沿岸的淮河儿女，但也使得利害并存，淮河流域的民众在与大自然的斗争中学会了思考，思考的动力与灾难往往是成正比的，久而久之，这种观念和能力被迁移和内化，形成了包容性和适应性特征，民众安土重迁、尊重自然、包容不争、低调谦逊。如果说"一水分南北"是对淮河流域横向地理空间的描述，"多元融汇"则是纵向历史维度的概括，一横一纵，凝结在一起，映射到乡村文化，逐渐形成乡村文化的包容性和开放性，熔铸成兼容并蓄、有容乃大的乡村文化精神。

淮河流域乡村文化的山水文化属性、多元的乡村文化形态和有容乃大的乡村文化精神，让淮河儿女在这片土地上耕作生息，形成了团结互助敬老爱幼的家庭伦理观，铸就了淮河流域农耕文明。中华民族自古就有自己的伦德体系，在中国传统哲学中，宋明思想家们尤其强调知行合一的修德功夫，正如《大学》所讲，修身、齐家、治国、平天下，把修身与齐家、治国、平天下结合起来，强调修身是本。在中国传统道德修养理论中，修身是一个自化的过程，如自知、自思、自省、自信、自立、自律等，这正是中国传统道德修养的特点。家庭是社会的细胞，一个人的道德品格主要取决于家庭，道德教育是家庭的重大责任，中华民族以人伦为基础，并以情感情理为法则，处理家庭人际关系，特别重视个体与家庭其他成员的关系。家庭生活与社会生活有着密切的联系，正确对待和处理家庭问题，共同培养和发展夫妻爱情、长幼亲情、邻里友情，不仅关系到每个家庭的美满幸福，也有利于社会的安定和谐。以此为基础，形成一个家族或者家庭的风气和风尚，即家风。好的家风，能够汇聚社会好风气、传递正能量，在大力践行和弘扬社会主义核心价值观的今天，家庭作为构成社会的基础单元，理应成为承载社会主义核心价值观的宣传和教育载体。

在实施乡村振兴战略进程中，要秉持团结互助敬老爱幼的家庭伦理观，传承弘扬淮河流域农耕文明，不断繁荣发展乡村文化。一是把宗族文化传承作为乡村文化建设的一个重要内容，积极参与指导宗族文化活动，借助宗族文化中舞龙舞狮、庙会等传统节日，引导注入新的时代内容，摒除庸俗的东西，提升活动文化品位。树立旧宗祠、新文化理念，使宗祠功能与时代元素接轨，将传统意义上的祭祀祖先和当今村民集聚休闲、文化娱乐、集合议事等有机融合，保护好宗祠文化古迹，彰显传统宗族文化和当代文化相结合而产生的文化魅力，合力推进主流文化和宗族文化有机结合，确保乡村文化建设得到健康和谐发展。二是发挥新乡贤在乡村文化振兴中的积极作用。新乡贤是乡村振兴的重要人才资源，他们长期参与或支持乡村建设，在农村经济、文化、社会、生态文明建设等领域作出了积极贡献，得到了群众普遍认可。他们弘扬中华传统美德，践行社会主义核心价值观，热心公益事业，是新文化、新观念、新思想、新技能的传播者，对当地村民起到了引导、教育和示范作用。新乡贤具有强大的号召力，树立好、宣传好新乡贤典范，就能产生"一花引来百花开"的效应，凭借新乡贤的优势，以乡情为纽带，便能吸引更多人才返乡助力乡村振兴。三是挖掘民俗文化的时代价值。民俗文化蕴含着传统文化的审美情趣与文化价值，属于农村优秀传统文化的组成部分，具备规范、教化、调节等社会功能，完全能够在涵养社会主义核心价值观的前提下，助力乡村振兴，延承文化基因。比如民俗文化中的乐于助人、诚实友善、和睦团结等思想对广大乡民产生深刻影响，这些美德与当前倡导的社会主义核心价值观具备异曲同工效果。因此，挖掘弘扬民俗文化的时代价值，要着力提升广大乡民对民俗文化的高度认同感，营造文明乡风、淳朴民风、良好家风，在确保民俗文化持续发展的同时，不断焕发时代生机。

四、弘扬耕读传家的优良传统，构建乡村振兴新格局

耕读传家是指以勤劳耕种土地和勤奋读书为传家之本。耕读传家要求既学做人，又学谋生，耕田可以事稼穑，丰五谷，养家糊口，以立性命。读书可以知诗书，达礼仪，修身养性，以立高德。中国古代社会十分重视耕读传家，时至今日，耕读传家的观念仍然值得推崇，是先辈留给后代子孙的精神财富。耕读传家备受民众推崇，字里行间渗透着中华民族农耕文明的特色和儒家文化的身影，也是民众家风形成的基本标准，它凝结了我国古老的农业耕种文化和中国传统文化的精华，折射出人们日常生活中的哲理，映衬了唯物主义朴素务实的观点。

作为中国传统家族社会和农耕文明的共性特征，耕读传统长期存在并影响深远。伴随着科举制度的终结、小农经济的解体以及家族制度的消亡，淮河流域乡村的社会政治结构已经发生了巨大的历史变迁，耕读传统在有些地

方依然存续，在有些地方已经赋予时代色彩，特别是当下越来越多的乡村年轻人离开祖辈固守的土地进城打工创业，传统的村落不同程度表现出"空心化"特征。打赢脱贫攻坚战、全面建成小康社会后，在接续推动乡村全面振兴的时代进程中，历经数千年演化的耕读传统，如何在传承与变革的双重变奏下得到创新发展？总体来说，耕读传家是中华民族特有的文化逻辑，既是物质生产的基础，也是情感依托的载体。我们应该有充分的文化自觉与文化自信，深刻把握历史与现实中乡村民众行为的文化逻辑，形成一套本土化的认定标准和原则，在农耕文明遗产保护过程中重拾价值核心，进一步弘扬传承耕读传家的优良传统，着力构建乡村振兴新格局。

乡村振兴是实现中华民族伟大复兴的一项重大任务。为此，构建乡村振兴新格局一定要立足新发展阶段，树立乡村振兴新理念，在传承农耕文明、保持耕读传家传统的基础上，坚持农业农村优先发展，加强科技兴农，促进教育兴农，加快城乡融合，加快实现共同富裕，形成新发展阶段的中国特色社会主义乡村振兴道路。

（一）强化科技兴农推动乡村振兴

科技兴农要根据淮河流域情况及特点，依托科学技术解决"三农"的现实痛点，促进"三农"高质量发展。农业是国民经济的基础，科技兴农是针对现实国情的正确选择，是推进中国特色社会主义乡村振兴的助力器，是激发乡村振兴活力的源动力。为此，一是因地制宜促进农业科技成果转化，完善相关流程、机制和示范基地建设，实现科技成果落地生根。比如淮河流域一些地区采用水肥一体化设备实现水肥同步管理，大幅降低成本提高收益等。二是提升农业技术水平，依托科技创新发展智慧农业、循环农业等新模式，促进农业转型升级，并利用云技术、大数据及抖音、快手等新媒体，发展认养农业、共享农业、"网红+农产品"等线上线下相融合的新营销模式，打造平台农业。三是实施"引进+创新"战略，借鉴成功经验，排除发展痛点，充分利用独特资源，打造"一村一品"特色农业。四是注重农业科技人才培育工作，创新工作机制。增强农业科技人才团队建设与培育，深入落实科普工作，大力提升基层科技人员素质。筑巢引凤，工农结合，以工补农，加快实现农村现代化，促进城乡协同发展。

（二）发展乡村教育支撑乡村振兴

乡村振兴应优先发展乡村教育，教育兴农是中国特色社会主义乡村振兴的关键举措。一是发展乡村教育，全面统筹规划乡村基础教育学校，逐步完善义务教育学校配套设施，推进学校标准化建设，逐步解决教育发展不平衡不充分问题，不断缩小城乡差距。二是将教师作为推动乡村教育发展、提升乡村教育质量的重要主体，地方政府注重乡村教育人才队伍建设与人才质量提升，逐步改善乡村教育人员教学条件和福利待遇，完善乡村教育人才政策。三是充分吸收好家风、好民俗等地方文化精华，结合我国德育及教育的基本要求，打造独具乡村特色的德育教育课程体系。四是借助互联网、物联网等现代信息技术，发展"线上+线下""课堂内+课堂外"等多维融合教学模式，促进资源共享。

（三）推动城乡融合助力乡村振兴

国家"十四五"规划纲要强调，全面实施乡村振兴战略，强化以工补农、以城带乡，推动形成工农互促、城乡互补、协调发展、共同繁荣的新型工农城乡关系，加快农业农村现代化。为此，一是统筹城乡融合总体战略布局，促进城乡资源互补互惠，为城乡共同发展提供新动力。推进乡村建设，完善乡村基础设施，加强乡村环境治理，改善乡村风貌，助力乡村振兴。二是不断推进农村改革与创新，鼓励开拓多种经营形式，继续落实土地承包三十年不变的政策，鼓励扶持成立农民合作社，打造家庭农场，积极创新农业经营模式。三是结合新阶段我国城乡发展实际情况，积极探索土地制度改革，逐步推动形成城乡统一的建设用地市场。在保持乡村特色的基础上推行绿色、生态和可持续发展的经济建设模式，注重产业深度融合，协同发展，完善产业链，促进产业转型升级。

（四）实现共同富裕促进乡村振兴

目前，我国农村贫困人口全部脱贫，贫困县全部摘帽，贫困村全部出列，创造了中华民族扶贫史上的一个奇迹，形成了值得弘扬与传承的中国特色脱贫攻坚精神。在扶贫攻坚过程中，我国不断完善精准扶贫组织保障体系，不断创新扶贫方式，积极探寻扶贫长效机制，加强区域协作与对口支援，充分发挥政府、企业、社会三方协同力量，打造专项扶贫、产业扶贫与社会扶贫相结合的多元化扶贫格局。淮河流域进入新发展阶段，迈入乡村振兴新征程，需要继续稳固脱贫攻坚基础与成效，加强致贫返贫监测，不断完善防止致贫返贫预警体系，全面实施乡村振兴战略，努力实现全体人民共同富裕。防止返贫是乡村振兴战略顺利推进的重要保障，应积极开展脱贫攻坚成果巩固工作动态评估，根据评估结果动态调整工作方案，科学预防，从根本上阻断致贫返贫。

（五）创新乡村治理扮靓乡村振兴

乡村治理是国家治理的基础和重要组成部分，是实施乡村振兴的关键影响因素。进入新发展阶段，创新乡村治理，应坚持以人为本原则，积极鼓励多主体参与，加强自治、法治与德治的"三治"融合。首先，自治是居民参与乡村治理的自发性与主动性的体现，应积极引导并鼓励村民自治，科学组建村民自治组织，完善自治管理流程及相关配套制度，激发乡村治理新动力。其次，法治是乡村治理的法律保障与科学武器，应加强乡村法治宣传与法治教育，提升居民法治意识，注重乡村法律服务平台搭建，夯实乡村治理的法治基础。最后，德治是乡村治理的道德支撑，应传承并弘扬中华传统美德，传播榜样力量，彰显社会正能量。积极宣传与引导善行义举，提升村民道德情操与综合素养，提高居民遵纪守法、助人为乐的自觉性与主动性。鼓励并扶持乡村举办多种形式的文化活动，提供资金支持与专业指导，让乡村文化遍地开花，推动乡村文化大发展大繁荣，构建新阶段乡村文化新生态。

五、倡导敬天法祖尊重自然精神，建设生态宜居的美丽乡村

敬天法祖源于《礼记·郊特牲》的记载："万物本乎天，人本乎祖，此所以配上帝也；郊之祭也，大报本反始也。"敬天是尊重自然法，法祖是遵循习惯法，敬天法祖就是尊重遵循自然法与习惯法。古代中国，中央政府有定期"祭天""祭黄帝"的典礼。改革开放后，公祭黄帝的传统得以恢复。2018年4月5日，清明公祭轩辕黄帝典礼在陕西黄帝陵举行，黄帝被视为中华民族的"人文初祖"。中华传统文化强调天人合一，尊重自然规律，讲究人与自然的和谐共生。同时，中国古代劳动人民很早就掌握了农耕技术，对天时地利的把握有一定经验，能够按照不同季节、土壤条件种植不同作物，基本实现自给自足，生活相对稳定，由此产生了敬天法祖、躬耕谨行的精神。敬天法祖、报本反始本身也是非常正统的儒家思想。从进化论角度来看，敬天法祖不仅不是陈腐不堪、愚昧无知的，反而闪烁着理性与智慧的光芒。从哲学角度来看，追问自己从哪里来，对自己的由来有好奇之心、有温情与敬意，是人性的真实体现，与"不忘初心，牢记使命"是一脉相承的。

敬天法祖作为华夏儿女传统信仰的表现形式，渊源流传数千年，已经演化成炎黄子孙的信仰磐石。时至今日，淮河流域农耕文明依然倡导敬天法祖

尊重自然精神，需要进一步传承和弘扬，严格按照自然规律同步实施乡村振兴、尊重自然、保护自然，持续改善农村人居环境，促进人与自然的和谐共生，逐步建设生态宜居的美丽乡村，全面推进乡村振兴，加快农业农村现代化，努力建设农业强、农村美、农民富的淮河流域新乡村。

（一）持续夯实乡村建设基础，彰显美丽生态乡村

结合淮河流域特点，紧扣农村厕所革命、生活污水和垃圾治理、农村水环境整治等现阶段农村人居环境整治提升的重点任务，推动加强村庄环境基础设施建设，为乡村建设筑牢硬件基础。扎实推进农村厕所革命成果巩固提升，推动新建户厕由室外向室内转变、由厕所向卫生间转变，全面消除旱厕，全面建成无害化卫生户厕。统筹推进农村生活污水治理，实施农村生活污水治理提升行动，合理选择技术路线，因地制宜开展农村生活污水治理，开展农村生活污水社会化治理试点，规模化推进农村生活污水治理，组织开展农村生活污水处理设施"回头看"排查整治。系统推进农村水环境综合整治，采用综合措施开展农村黑臭水体排查治理，持续推进农村河道疏浚及生态河道建设，因地制宜对河道进行特色化改造，加快实施农田退水治理试点，加快推进河长制、湖长制体系向村级延伸。巩固完善城乡统筹的生活垃圾收运处置体系，加快推进农村生活垃圾源头分类减量，推进"户分类投放、村分拣收集、镇回收清运、有机垃圾生态处理"的分类收集处理体系建设，完善城乡再生资源回收利用网络。

（二）持续提升民众生活品质，彰显美丽宜居乡村

以优化民众生活感受为宗旨，通过开展村庄清洁行动、提升公共环境质量、实施乡村绿化美化、改善民众住房条件等，铺就乡村建设环境底色。持续开展村庄清洁行动，常态化开展以"四清一治一改"（清理农村积存垃圾、河塘沟渠、农业废弃物和无保护价值的残垣断壁，加强乡村公共空间治理，加快改变农民生活习惯）为重点的村庄清洁行动，推动村庄面上清洁向屋内庭院、村庄周边拓展，引导民众逐步养成良好卫生习惯。提升乡村公共环境质量，全面开展美丽乡村公路建设，推进农村公路与城镇道路和村内道路的衔接，加强自然村（组）内部道路建设。完善村庄公共照明设施，加强农村电力、通信、广播电视"三电"线路整治。健全村庄应急管理体系，整治农村户外广告，开展农村无障碍设施建设。推进乡村绿化美化，深入实施乡村绿化美化行动，加强村庄片林、道路林网、水系林网、农田林网建设。着力打造美丽庭院、美丽菜园、美丽果园、美丽村景、美丽田园，引导鼓励村民通过栽植果蔬、花木等开展村庄绿化美化。

（三）持续改善乡村村容村貌，彰显美丽人文乡村

挖掘乡村发展软实力，突出提升乡村风貌保护水平、推进乡村文化传承发展、普及文明健康理念、引导民众参与等工作措施，为乡村建设营造人文氛围。编制村容村貌提升导则，挖掘乡村特色风貌元素，加强村庄建筑特色、风格、色调引导，突出乡村特色和地域特点，加强与农文旅产业发展一体推动，扎实推进特色田园乡村高质量发展，积极推进传统村落保护。推进乡村文化传承发展，推进乡村公共文化服务体系建设，深入挖掘本土特色乡村文化，在淮河流域境内挖掘整理一批重要农业文化遗产，建立一批科普性强的农耕体验基地、教育基地和文化馆，传承传统优秀农民体育活动。普及文明健康理念，把转变农民思想观念、移风易俗、推行文明健康生活方式作为农村精神文明建设的重要内容。大力推进健康镇村建设，广泛开展乡村健康促进活动，引导农民积极参与，坚持问需于民、问计于民，将村庄环境卫生等要求纳入村规民约。发挥群团组织带动作用，组织动员争创美丽庭院，深入开展环境卫生红黑榜、"门前三包"责任制、积分兑换、志愿服务等多种形式活动，提高村民维护村庄环境卫生的主人翁意识。

（四）持续健全长效管护机制，彰显美丽现代乡村

建立清单化、专职化、硬性化的长效管护机制，保障农村环境公共设施持续稳定运行和长久发挥作用，推动管护内容清单化。明确地方政府和职责部门及运行管理单位责任，全面建立有制度、有标准、有队伍、有经费、有监督的农村人居环境长效管护机制。针对本流域编制出台区域农村人居环境整治长效管护规范，制订农村环境基础设施管护地方标准。推动管护队伍专职化，按需配备农村人居环境整治管护队伍，优化运维机制，加强网格化工作体系建设。推动资金保障硬性化，将农村人居环境管护作为公共服务产品，探索建立农户合理付费、村级组织统筹、政府适当补助的运行管护经费保障制度。分类探索管护模式，对城郊融合类村庄，推进城乡人居环境设施统筹谋划、统一管护运营。引导淮河流域集体经济发展较好的村由村集体组织开展管护，在欠发达地区建立组织管理有序、农民主动参与的专业化管护队伍，优先聘用符合条件的农村低收入人口。通过持续健全长效管护机制，不断彰显美丽现代乡村。

参 考 文 献

［1］安徽省文物志编辑室．安徽省文物志稿：下册［M］．合肥：［出版者不详］，1993．

［2］蔡凤书，宋百川．考古学通论［M］．济南：山东大学出版社，1988．

［3］戴艳．泗州戏传统音乐唱腔艺术魅力［J］．参花（下），2021（11）：78-79．

［4］杜立文，王兆云，李小梅．从历史、现实和理论维度认识我国现代乡村治理［J］．现代农业研究，2020，26（08）：109-111．

［5］冯传礼．沿淮民俗文化掠影［C］//安徽省管子研究会2010年年会暨全国第五届管子学术研讨会交流论文集．2010：92-94．

［6］高正．淮河流域村落的文化区属和基本特征［J］．蚌埠学院学报，2020，9（06）：99-101，128．

［7］顾向明．沂蒙食俗管窥［J］．民俗研究，1997（03）：40-41，56．

［8］郭桂义，罗娜．信阳茶俗和茶艺［J］．信阳农业高等专科学校学报，2007（01）：112-114．

［9］郭晓雯，张红玉．论农耕文明演进中农业文化的优良传统［J］．农业与技术，2020，40（07）：173-175．

［10］赵青云，毛宝亮，赵文军．宝丰清凉寺汝窑址的调查与试掘［J］．文物，1989（11）：1-14，59，97-100．

［11］蒋炳耀．畜牧业的发展历程综述［J］．中国畜牧兽医文摘，2017，33（11）：39．

［12］金效其．淮安金丝茶馓［J］．烹调知识，1995，（10）：18．

［13］李东辉．地方志所见淮河流域的饮食文化［J］．四川旅游学院学

报，2018（06）：8-11.

［14］李芳，靳灿玺．店集温蒜面　吃到年初一［J］．中国食品，1999（02）：41.

［15］李锦山．略论汉代地主庄园经济［J］．农业考古，1991（03）：108-124.

［16］李京华．河南古代铁农具（续）［J］．农业考古，1985（01）：55-65.

［17］李磊，杜宝玲．乡村振兴战略下农村经济发展的困境和对策［J］．农村经济与科技，2022，33（03）：224-227.

［18］李修松，张宪平．春秋战国时期淮河流域农业生产述论［J］．中国农史，1998，17（01）：3-9.

［19］李修松．淮河流域历史文化研究［M］．合肥：黄山书社，2001.

［20］李长傅．朱仙镇历史地理［J］．史学月刊，1964（12）：38-42，46.

［21］刘东亚．河南新郑仓城发现战国铸铁器泥范［J］．考古，1962（03）：165-166.

［22］刘兴云．从畜牧业的发展看唐后期中原地区经济［J］．农业考古，2009（06）：7-9.

［23］刘忠明．烩面碗里的乡情［J］．食品与生活，2002（06）：34.

［24］卢文静，廖新俤．中国猪文化与养猪业可持续发展［J］．猪业科学，2012，29（12）：124-125.

［25］马彩霞．元代淮河流域民风民俗研究［J］．长春大学学报，2019，29（11）：88-91.

［26］蚌埠市地方志编纂委员会．蚌埠市志［M］．北京：方志出版社，1995.

［27］瓯燕．评介《山东汉画像石选集》［J］．考古，1984（11）：1054.

［28］潘小平．淮河文化对中华文明的独特贡献［N］．文艺报，2021-01-27（3）．

［29］邱振威，庄丽娜，饶慧芸，等.8000多年前淮河流域的水稻栽培与驯化：来自江苏韩井遗址的证据［J］．中国科学：地球科学，2022，52（06）：1054-1064.

［30］任重．唐代淮河流域农业评述［J］．古今农业，2000（02）：

29-34.

　　[31] 施由民. 清代茶马政策与茶马互市 [J]. 农业考古, 1993 (04):
250-251, 253.

　　[32] 宋兆麟. 西汉时期农业技术的发展: 二牛三人耦犁的推广和改进
[J]. 考古, 1976 (01): 3-8.

　　[33] 孙语圣. 崇文与尚武: 徽州与淮河民风文化之辨: 基于长时段的历
史考察 [J]. 农业考古, 2019 (01): 229-235.

　　[34] 唐元海. 黄河 300 问 [M]. 郑州: 黄河水利出版社, 2000.

　　[35] 王崇献. 豫菜文化说 [J]. 河南社会科学, 2002 (04): 107-108.

　　[36] 王鑫义. 淮河流域经济开发史 [M]. 合肥: 黄山书社, 2001.

　　[37] 肖晴, 郑艺鸿, 王寅寅. 淮河流域庙会空间文化传承研究 [J]. 艺
术生活-福州大学学报 (艺术版), 2019 (04): 71-75.

　　[38] 谢成侠. 中国养牛羊史 [M]. 北京: 农业出版社, 1985.

　　[39] 谢崇安. 中国原始畜牧业的起源和发展 [J]. 农业考古, 1985
(01): 282-291.

　　[40] 徐旺生, 李兴军. 中华和谐农耕文化的起源、特征及其表征演进
[J]. 中国农史, 2020, 39 (05): 3-10.

　　[41] 徐旺生. 中国原始畜牧的萌芽与产生 [J]. 农业考古, 1993
(01): 189-198, 188.

　　[42] 杨再, 洪子燕, 赵文汉, 等. 中国农区畜牧史分期问题的讨论
[J]. 农业考古, 1992 (01): 298-299, 304.

　　[43] 丁应林, 冯祥文. 淮安菜的美学风格 [J]. 扬州大学烹饪学报,
2003 (02): 29-33.

　　[44] 尤振尧, 周晓陆. 泗洪重岗汉代农业画像石刻研究 [J]. 农业考
古, 1984 (02): 72-82.

　　[45] 张爱冰. 淮河流域史前动物驯化论纲 [J]. 中国农史, 2004
(02): 52-55.

　　[46] 张成香. 花鼓灯艺术的农耕文化特征 [J]. 滁州学院学报, 2016,
18 (04): 4-7, 20.

　　[47] 张崇旺. 论近代淮河流域畜牧业和水产业的商品化生产 [J]. 畜牧
与饲料科学, 2009, 30 (05): 87-90.

　　[48] 张帆. 安徽大农业史述要 [M]. 合肥: 中国科学技术大学出版

社，2011.

[49] 张红娟. 苏北里下河地区阜宁南部婚礼风俗志 [J]. 黑龙江史志，2009 (12)：85-86.

[50] 张婷婷. 淮河历史文化的形成渊源及发展探讨 [J]. 文化学刊，2020 (10)：13-16.

[51] 张伟，张锐. 信阳农耕文化形成地域特色的原因分析 [J]. 学理论，2011 (36)：170-171.

[52] 张颖. 耕读传家：论乡村振兴战略中农业遗产保护活化的文化逻辑 [J]. 贵州社会科学，2019 (05)：68-73.

[53] 张中灿. 淮河流域民歌的艺术特征与传承研究 [J]. 池州学院学报，2020，34 (06)：94-96.

[54] 长沙铁路车站建设工程文物发掘队. 长沙新发现春秋晚期的钢剑和铁器 [J]. 文物，1978 (10)：44-48.

[55] 赵朝允. 象征亲情的食品 老雁馍 [J]. 食品与生活，2007 (07)：14-15.

[56] 朱林. 淮河流域地方婚俗与仪式"事实婚姻"的现代价值 [J]. 重庆科技学院学报（社会科学版），2012 (06)：63-64，69.